텅 빈 하늘 아래

靑宇 성 대 림 수필집

문예운동사

저자의 말

오랫동안 가슴에 담겨있는, 살면서 겪은 즐겁고 기쁜 일들, 슬프고 우울했던 순간들을 꺼내어 위로하듯이 써두었던 글을 모아 묶어본다.

멍울처럼 남아있는 어머니와 작별의 순간과 한 평생 함께 살아보기를 바랐던 부모님과 동생들의 모습이 어른거려서 그 안타까운 심정을 쏟아냈다. 아버지와는 한 살에, 어머니와는 일곱 살에 헤어져야만 했고, 다시 한 번 가족들이 모두 합쳐서 살아보려고 했지만 이루지 못했다. 이것은 상사화 이야기처럼 큰 슬픔이었지만 운명이었음을 늦게 깨닫고 순종하며 살려고 한다. 매일 아침 눈을 뜨면 일본에서 홀로 생활하시는 아흔 살의 어머님이 편안하고 건강하시길 기원한다.

의료원장 재임 삼년 동안 나름 노력했던 포부의 글과 칼럼, 23년간을 공부하다 보니 반려가 되어버린 방송통신대학교 시절 추억의 글도 함께 수록하였다.

부족하지만 여러분과 함께 추억하며 공감할 수 있기를 기대한다.

2025. 12. 靑宇 성대림

목차

제1부 삶의 한 가운데서

제2부 아침을 열며: 추억은 슬프도록 아름답고

제3부 망중한: 3년간의 서귀포 의료원장을 지내면서

제4부 23년간 반려, 국립 방송통신대학교

제1부

삶의 한 가운데에서

비와 메르스

다행히도 메르스 사태가 진정 국면을 보이고 있다. 거의 한 달 이상 전국을 긴장에 몰아 놓았고 많은 경제적 사회적 피해를 안겨줬던 낯선 질환이 반복되는 홍보효과에 의해서 오히려 그 이름만큼은 친근해졌다. 보름 전 메르스 대책을 논의하기 위한 전국 의료원장 회의 참석차 세종시에 있는 보건복지부를 방문한 적이 있었다. 가는 길에 바싹 말라버린 대지를 바라보면서 운전수가 지역의 가뭄 걱정을 많이 했다. 문득 가뭄과 메르스 질병은 어떤 상관관계가 있지 않을까 하고 생각해 보게 되었다. 이름 그대로 중동에서 온 질병이기에 건조한 사막 날씨와 거기서 살고 있고 매개체 역할을 한다는 낙타가 떠올랐다. 당시 우리나라의 가물은 날씨가 중동의 건조한 날씨와 비슷하기에 그럴 개연성은 충분히 있어 보였다. 비가 내린다면 가뭄도 해소될 것이고 어쩌면 메르스 조차도 진정시킬 수 있을 것이라고 나름대로 짐작해 보았다. 그 날 대책회의에 참석한 대다수의 의료원 원장님들은 메르스의 심각성을 진지하게 논의하였고, 제주도에는 그 당시 양성 환자가 없었기에 필자는 한편으론 다행이라고 생각도 들었지만 혹시 발병한다면 닥치게 될 심각한 상황을 생각하니 덜컥 겁도 났다. 다행이도 당시 제주도는 가물지 않아서 가뭄 걱정도 없었고, 그 덕택인지 메르스도 발병하지 않고 지날 것 같았다.

과거에는 날씨가 많이 가물면 나라에서 기우제도 올리곤 하였고, 이번에도 강릉 어느 지역에서는 실제로 기우제를 올렸다는 기사를 본 적이 있다. 오늘날처럼 과학이 발전하고 불가능한 일이 없을 것 같아도 역시 날씨만큼은 마음대로 안 되는 것 같다. 오죽하면 마사이족을 초청해서 기우제를 올린다면 백 퍼센트 성공한다고 한다는 우스갯말이 있어서 왜냐고 물었더니 '비가 올 때까지 계속하여 올리니까'라는 난센스 대답이 나와 씁쓸하게 웃기도 했다.

서귀포 의료원의 경우도 메르스 사태에 대비한 미비한 점이 몇 가지 발견되어서 앞으로 개선하여야 할 것으로 여겨진다. 우선 열 개의 음압격리 병상을 갖추고 있지만, 둘은 일 인실이고, 나머지 둘은 사인 실이어서 결국 실제로 유사시에 쓸 수 있는 공간은 네 개의 병실뿐인 셈이다. 앞으로 의료원에서 격리 입원시킬 공간이 부족하다고 여겨져서 새로 여덟 개의 병실을 더 확보할 예정이다. 더구나 격리환자의 안전한 입원 동선이 뚜렷하지 않아서 이 번 사태를 계기로 확실하게 보완할 계획이다.

이번 메르스 사태를 계기로 우리나라 전염병 관리체계는 많이 달라질 것 같다. 초기에 메르스에 대한 의학적 편견이 있었는지 당국이 감염자 관리에 미숙함을 보였던 것이 커다란 실수였다고 생각한다. 앞으로는 감염된 환자와 노출된 병원을 가급적 조기에 공개하고 국민들의 협조를 일찍 구하여서 지금과 같은 슈퍼감염자가 안 생기도록 하여야 할 것이다. 또한 조만간 메르스 백신을 서둘러 개발하여 환자의 사망률을 낮추는 것도 중요한 일일 것이다. '소 잃고 외양간 고친다.'는 속담처럼 외양간 고치는 일이 비록 시기를 놓치기는 했어도 앞으로 다가올 위험에 단단히 대비한다면 역사에서 얻는 좋은 교훈이 될 것이라 자위해 본다.

지름길로 달려 보겠습니다

몇 해 전 모 의료원장 재직 시절의 일이다. 세종시에 있는 정부청사에서 열리는 '보건복지부 차관 주재 메르스 대책 회의'가 오후, 네 시에 열리는 것으로 되어있는데, 담당자로부터 늦지 말라고 부탁을 받을 때는 절대 그럴 일은 없을 것이라고 생각했다. 더 일찍 가면 10시 비행기로 가서 느긋하게 갈 수도 있겠지만, 미리 알아본 바로는 청주 공항에서 세종시까지 시간표대로만 운행하는데, 가는 버스가 많이 없지만, 오후 2시 40분 공항 출발이었고, 한 시간 정도 걸리는데 제대로만 되면 운 좋게 잡아탈 수도 있겠다고 생각하여 늦게 출발했다. 하필 할 일 많은 토요일 오후에 갑작스러운 출장 명령이라니. 아홉 시 경에 아침을 먹고 오후 1시 반 청주행 비행기를 타려고 오전 11시 반에 넉넉하게 집을 나섰다. 공항 밖 주차장에 차를 세우고 서둘러 공항 안으로 들어가 자동으로 항공권을 발급받으려고 비밀번호를 입력했더니, 직원을 필요로 하는 사항이라는 알림이 떠서 직원을 불러 도민임을 확인받은 후에야 표를 건네받을 수 있었다. 공교롭게도 날씨마저 흐렸고 왠지 모든 일이 조금씩 지체되고 있었다. 점심시간이 가까워지자 배는 조금 고팠지만 일단 참고, 청주 공항에 내려서 기회를 봐서 먹으려고 그냥 비행기에 올랐다. 날씨가 흐리고 비가 조금씩 내려서 그런지 비행기 출발이 그나마 10분 정도 늦어지고 있다. 원래 한 시 반 출발하면 두 시 반에 도착하고 서두르면 버스 타는 것도 가능하다는 낙관적 판단을 했었지만 이미 물 건너는 중이었다. 아니나 다를까 청주 공항에 내려서 버스 정류장으로 달려갔더니 이미 10분 전쯤에 버스는 떠나 버렸다고 하였다. 자포자기의 심정으로 택시를 타고 창밖으로 흘러가는 청주시 근교의 풍경을 영혼 없이 바라다보았다. 그러고 보니 배가 많이 고파왔다. 그렇지만 시간이 부족하니 어쩌랴? 혹시 일찍 세종시에 도착하면 해결할 수도 있지 않을까? 세종시에 들어서면서 보니 아직 도시가 정비가 덜 된 탓인지 가게들도 별로 없고 음식점도 눈에 띄지 않는다. 10번 번호를 이마에 단 보건복지부 건물이 덩그러니 눈에 들어왔다. 20분 전에 도착했음에도 불구하고 점심을 포기하고 복지부 건물 안으로 서둘러서 들어갔다. 입구에서 신원에 대해서 기록하고는 주민증을 맡기고 신분 확인표를 받아서 목에 걸었다. 마침 다른 지역의 의료원장님들도 몇 분 도착해 있어서 서로 인사를 나누고는 10층에 있는 대기실로 올라가서 잠시 기다렸다. 배가 고픈 탓에 거기에 비치된 주스 한 병과 생수 한 병을 마시면서 다른 원장님들의 메르스 사태의 경험을 귀담아들었다. 제주도는 아직 양성인 환자가 없어서 그다지 심각성을 못 느꼈지만 육지에서는 치료하던 간호사들이 사표 쓰고 병원을 그만 두는 등 난리라 하였다. 네 시 조금 전에 이동하는데, 회의 장소를 고용노동부 지하 벙커로 옮겨 회의를 시작하자, 분위기가 갑자기 엄숙해졌다. 각 지역 의료원 원장님들은 할 말이 너무 많아서 한 시간이면 충분하리라던 회의가 무려 두 시간 넘기고도 계속되었고 더욱이 보건복지부 차관님이 주재한 회의라서 참고 버티는 수밖에 없다.

이제는 돌아가는 비행기 시간 맞추는 일이 심각하게 걱정되기 시작했다. 오후 7시 예약 비행긴데 여섯 시를 조금 넘긴 것이다. 낯선 청주에서 일박해야 한단 말인가? 그러나 절망 속에서도 늘 희망의 빛이 있다고 했던가? 같이 회의에 참석했던 원장님 한 분이 마침 아래 지방으로 내려가는데 같이 청주 공항까지 가주겠다고 선뜻 제안한다. 일순간

배고픈 것도 잊고 감사하다는 말을 연발하면서 기사가 운전하는 승용차에 올랐다. 걱정돼서 기사 분에게 우선하여 물었다. 청주 공항까지는 얼마나 걸릴까요? 대답이 의외였다. 한 시간 조금 더 걸릴 겁니다. 내심 올 때 택시로 40분 정도 걸렸으니 조금 밟으면 어쩌면 도착할 수도 있을 거란 실낱같은 희망이 사라지는 순간이었다. 풀이 죽어서 기사 분에게 '사실은 7시 비행긴데 힘들겠네요.'라고 힘없이 대꾸하였다. 기사 분이 잠시 생각에 잠기더니 지름길로 달려 보겠다고 하면서 가속페달을 밟기 시작했다. 나 때문에 갑자기 과속 딱지 몇 장 떼는 게 아닌가 걱정도 들었다. 기사 분은 예약된 비행기에 나를 꼭 태우고 말겠다는 굳센 일념으로 웬만한 곳은 비상등을 켜고 빠르게 통과하였다. 한참을 말없이 그러나 열정적으로 운전하더니 '탈 수 있겠네요.' 하고 짧고 신념에 찬 목소리로 밝게 말하였다. 6시 45분에 청주 공항에 도착한 것이다. 함께 탄 원장님과 기사 분에게 연신 고맙다고 하면서 차에서 뛰어 내렸다. 공항에 매점도 있고 화장실도 있었지만, 사실은 어쩔 수 없기도 했지만, 과감하게 외면하고 탑승권을 건네받고는 서둘러 2층 검색대를 통과하는데, 직원이 가방 안에 수상한 것이 있으니 꺼내 보이란다. 안 그래도 늦어서 야단인데 확인시키려면 가방을 열어서 홍삼 캡슐 상자를 다시 꺼내고 찾아야 한다. 엎친 데 덮친 격이라니. 우여곡절 끝에 7시 비행기를 타긴 탔다. 여전히 배는 고픈데, 좌석에 앉아서 잠깐 졸고 나니 주스나 커피 마시라기에, 허기를 달래려고 승무원에게 주스를 한 잔 주문해 단숨에 마셔버렸다.

도착한 제주 공항의 날씨는 출발 때와 달리 맑아져 있었다. 종일 허기졌던 탓에 뭔가 보상이라도 되는 듯한 음식을 생각하다가 물회, 그것도 도두동의 유명한 물회 식당이 불현듯 머릿속에 떠오른 것이었다. 8시 조금 넘어서 비행기에서 내리고 주차장에서 차를 빼서 도두에 도착했는데 8시 반을 조금 넘겼다. 바깥에서 보니까 분명 가게는 영업을 하는데, 가게 문은 닫혀 있었다. 자세히 보니 문 입구에 조그만 글씨로 8시 반까지만 영업한다고 적혀있었다. 아! 오늘은 식사하고는 너무 인연이 없구나. 고픈 배를 움켜쥐고 이제 어디로 가야 할까 망설이다 절망적으로 되어 차를 몰고 지나는데 마트 옆 식당이 눈에 띄었다. 들어가니 마침 한치물회 메뉴가 있어서 주문하고는 허겁지겁 먹었지만, 배가 고파서 그랬지만 맛은 별로였다. 한치도 한 젓가락을 뜨고 나니 나머지는 채소와 국물만 남았다. 그 유명한 집 물회를 먹었어야 했는데 하는 아쉬움이 새삼 파도처럼 밀려왔다. 그러고도 속이 허전하여 마트에서 과자 한 봉지를 사서 먹으면서 집을 향해 터덜터덜 차를 몰았다. 종일 조바심을 하며 다렸던 생각을 하니 허탈하기도 했다.

라 스트라다

아침부터 부지런을 떨면서 집을 나서서 걷기 운동을 위해 근처의 고근산으로 향한다. 마침 하늘에는 구름이 많이 껴서 춥거나 덥지도 않고 바람마저 솔솔 불어 걸음걸이가 한결 가볍게 느껴진다. 웃자란 오솔길의 풀들은 얼마 전에 짧게 잘려서 단정하고 시원스럽다. 산길을 걷노라니 불현듯 '길'에 대한 여러 생각들이 샘물처럼 솟아올랐다.

대학 입시 때 '길'이라는 제목으로 산문을 쓰라는 문제가 나왔었다. 그 당시 길지 않았지만 나름대로 인생에 대한 경험과 아직 걷지 않은 길에 대한 기대감으로 충만한 내용의 글을 거침없이 써댔었다. 그 덕분인지 그 학교에 합격하여 또 하나의 새로운 길을 걷고 있는 것인지도 모르겠다. 또 '길'하면 전에 교과서에서 배웠던 프로스트의 '가지 않는 길'이라는 시가 언뜻 떠오른다. 다른 길의 선택을 아쉽지만 포기해야 하는 것이 우리를 슬프게도 하며, 심지어는 우리의 일생을 바꾸기조차 한다. 그렇지만 가지 않은 길에 대한 결과를 알 수 없으므로 그저 상상으로만 남겨질 뿐이다. 가수 최희준이 불렀던 유행가 '길'은 한평생을 살아온 한 남자가 살아온 자신의 길을 담담하게 돌아보는 여유로운 길이었고, 한 동안 텔레비전 연속극 주제가로 불리면서 한참 인기를 얻었던 기억이 난다. 안소니 퀸이 주인공을 맡아 열연했던 영화 '라 스트라다(길)'는 영화 못지않게 배경 음악이 유명하였다. 그 당시의 힘들게 삶을 영위하는 여러 장면들이 음악과 함께 주마등처럼 스친다. 해변의 모래를 움켜쥔 채 누워서 울고 있는 불행한 주인공 잠파노의 모습을 비추면서 서서히 멀어져가는 마지막 장면이 무척이나 인상적이었다. 미소라 히바리가 부른 '강물의 흐름처럼'이라는 서정적인 엔카가 있다. 산다는 것은 여행하는 것과 같고, 울퉁불퉁한 험한 길을 지도조차 없이 살아온 그녀의 고단한 인생길이었으며, 사랑하는 이의 품에 내 한 몸을 맡기고 싶다는 대목에서는 사뭇 감동적이다.

사람은 늘 길 위에서 서성인다고 한다. 수많은 선택의 기로에서 어느 쪽인가를 판단하여 선택하여야 하는 한편으로는 즐겁기도 하겠지만 다른 한편으로는 그 선택이 괴롭기조차 하다. 과연 나는 살아오면서 얼마나 좋은 선택을 하였을까 되돌아보면 아마도 반반이 아닐까 한다. 두 선택지가 좋고 나쁜 선택지인 경우도 있는 반면, 두 선택지가 둘 다 나쁠 때도 있는 것이다. 물론 좋은 선택지 사이의 선택은 즐겁겠지만 나쁜 선택지 사이의 선택은 괴로울 수밖에 없다. 당시 자신을 둘러싼 환경과 자신의 인생관과 성숙도에 따라서 우리는 선택을 하게 된다. 그래서 좋고 나쁜 선택의 판단 기준 역시 달라질 수 있기 때문이다. 그 선택의 결과에 대해서는 자신이 받아들이고 순응해야 하는 것이 사람의 길이기도 하다. 인생의 후반부에 잠파노처럼 슬프게 마무리할 수도 있고, 히바리에서처럼 고단한 인생길이었지만 기댈 사람이 있다면 행복하게 결론지을 수도 있다. 인생의 과정을 한 줄로 늘어놓는다면 굴곡져서 가녀린 부분도, 직선적인 탄탄대로도 있을 것이다. 한 개의 점에서 출발하여 한 개의 점으로 마감한다는 점만은 누구에게나 공통적일 것이라 여겨진다. 인생의 곡선 모양이 각기 다른 것처럼 결국에는 우리의 삶이란 수많은 길들이 서로 얽히고설키면서 만들어지게 되는 셈이다. 한 인간이 걸어온 자기 일생의 길을 어떻게 평가하고 어떻게 해석할 지는 아무런 기준은 없는 것이다.

지구라는 같은 공간에 평생을 살면서도 서로 아무런 관련이 없는 곡선들도 많을 것이다. 그렇지만 자신의 삶과 닿은 좋은 인연의 선들을 돌보고 배려하면서 살아갈 수 있다면 그보다 더 좋을 일은 없을 것이다. 인간의 활동 영역이 아무리 넓다 해도 직접 마주하고 부딪히며 살아가는 사람의 숫자는 그다지 많지 않기 때문이다. 인생이란 길을 걸으면서 늘 사색하고 자신의 삶을 가끔씩 돌아보고, 이웃과 함께 삶의 기쁨, 즐거움과 슬픔을 공유하는 것이야말로 우리가 추구해야할 가치 있는 일이 아닐까 생각해 본다.

한계령

양귀자의 소설『한계령』을 읽으면서 언뜻 산에 얽힌 이야기로 짐작하고 샀는데 그것이 노래의 제목인 것을 곧 알게 되었다. 이야기는 작가인 주인공이 어린 시절 동창인 박미화가 지독히도 탁하고 갈라진 목소리로 전화를 걸어오면서 시작된다. 반가움에 겨워서 그 동안 자신이 고생을 하며 밤무대 가수가 된 이야기며 지난 추억들을 더듬으면서 완전히 25년 전 과거로 회귀하는데 성공한다. 일주일 후면 밤무대인 신부천 클럽을 마감하고 새로운 업소로 옮기니까 그 전에 꼭 와달라고 신신당부하지만 주인공은 왠지 모를 망설임으로 인하여 하루 이틀 전화로 대화하면서 여러 가지 그간의 처절한 친구의 사연을 들어서 알게 된다. 한편으로는 고향에서 밑의 동생들을 잘 보살피면서 굳세게 살았던 큰 오빠가 최근에 좌절하고 있다는 이야기를 어머니를 통해서 알게 된다. 아버지가 일찍 돌아가자 육남매를 책임지고 훌륭하게 키우는데 지대한 공로를 세운 그 오빠가 나이가 들어가면서 점차 나약한 모습을 보이는데 대하여 연민의 정이 점점 불어만 간다. 새들이 어려서 둥지를 빼곡히 채워서 서로 다투면서 먹이를 얻어먹으려고 주둥이를 벌리고 아우성을 치지만 자라서 하나 둘 날아서 제 길을 가버리면 빈 둥지에는 어미 새만 남아 허탈감을 느끼는 것과 다름없으리라.

군대 훈련병 시절 백 킬로 행군을 한 적이 있다. 몇 시간씩 걷고 고작 휴식은 십분 정도 쉬는 것이 전부였다. 쉬는 동안 잠시 앉아 있으면 으레 쏟아지는 졸음 때문에 깜빡 잠이 들기가 일쑤여서 출발할 때 누군가가 흔들어 깨워야 할 정도였다. 그야말로 인간의 한계를 알아보려는 그런 훈련이 아닌가 여겨질 정도였었다. 아마도 작품에서 한계령을 걸어 올라가는 군상들은 모두가 그런 심정이 아니었을까 한다.

내 지난날을 곰곰이 생각해 본다. 살면서 수많은 선택을 하게 되지만 어느 하나 우리에게 더 낫다고 말해준 적은 없는 것 같다. 주어진 시간 내에 선택하지 않으면 안 되는 어쩌면 우리는 아무것도 모르는 불쌍한 어린아이 같은 존재인지도 모른다. 결국 우리는 보이지 않는 압력에 굴복하여 선택하게 되고 선택한 길을 최선이라고 여기면서 부지런히 살아야 하는 것으로 배웠다. 다른 길로 빠지면 크게 다치거나 혼나는 것을 미리 알고 있기라도 한 듯 말이다.

탁하고 갈라진 목소리의 주인공 박미화나 혹은 억척스럽게 육남매를 책임져야 했던 큰오빠마저도 어쩌면 그 시대를 살았던 사람들의 자화상이 아닐까 한다. 한계령을 죽을힘을 다해서 올라와 쉬려고 하는데 이미 해는 저물어 방금 도달한 우리를 다시 좌절하게 만들어 버린다. 과연 우리가 선택한 한계령 자체에 문제가 있었던 것이었을까 아니면 올라가는 방법에 그 문제가 숨겨져 있던 것이었을까? 죽기 살기가 아닌 산천 구경하듯 그저 설렁설렁 한계령을 올랐다면 좌절하지 않았을까? 그도 저도 아닌 것 같다. 아마도 우리는 인간이고 살아있는 존재이기에 주어진 시간이 안타까운 것이고, 그 시간마저도 죽기 살기로 살아야 했기에 더욱 안타까워져서 더 처절해지는 것이다.

그러므로 오늘을 사는 우리는 서로를 따뜻한 시선으로 바라보아야 한다. 그리하여 연민의 정을 느끼면서 서로 돕고 마음을 열고 살아감으로써 마음속의 한계령이 녹아서 없어지길 기대한다. 그 당시에는 같이 걸어가는 동료에게조차 눈길을 줄 여유가 없이 그렇게 살아온 그 시대의 자화상이었다고 생각된다. 같은 시대를 살아가는 사람들만이 느낄 수 있는 그런 동료의식은 선배 세대나 후배 세대가 못 느끼는 그런 감정이기도 하다. 이런 감정은 시간이 흘러도 지속되어 지나온 과거를 회상할 때도 과거에 있는 자신들을 돌아보며 연민의 감정을 갖게 되는 것이다. 이제 그 목표를 향해서 열심히 살아온 당시의 사람들에게 마음속에서 우러나는 따뜻한 위로와 격려의 박수를 함께 보내는 바이다.

포정해우

머지않아 사월이다. 어느 시인은 사월이 잔인한 달이라 하였지만, 그 동안 꽃샘추위에 움츠렸던 봄꽃들이 다투어 피어나는, 오히려 바쁜 시절이 되었다. 계절이 쉼 없이 부지런하게 자신의 역할들을 찾아서 빠짐없이 실행하는 것을 보면 자연의 능력이란 대단하고 감동적이라고까지 여겨진다. 추운 계절이 지나고 나면 약속이나 한 것처럼 만물이 생동하는 계절로 이어지게 된다.

포정해우는 『莊子(장자)』의 「양생주편(養生主篇)」에 나온다. 고대의 이름난 요리사인 포정(庖丁)은 소를 해체하는 장인이다. 19년 동안이나 수천 마리의 소를 잡았지만 근육과 근육 사이에 칼을 넣어 소 한 마리가 해체 정리된다는 그야말로 이상적인 이야기다.

필자는 그 동안 많은 외과 수술을 하였는데 장자의 포정처럼 수술을 잘 할 수 있었다면 얼마나 좋았을까 생각해 보았다. 수술에 동반되는 성가신 출혈도 거의 없었을 것이고 회복도 아주 순조롭게 진행되었을 것이며 어떤 의료과실도 발생하지 않았을 것이다. 그렇지만 현실에서는 초보의사에서 한 사람의 숙련된 외과의로 탄생하기까지에는 여러 난관을 극복하고 통과해야만 한다. 짧지 않은 의과대학 수업 기간을 통하여, 그리고 체력적으로나 정신적으로도 힘든 수련의 과정을 거쳐야 마침내 전문의라는 마지막 단계에 다다르게 되는 것이다. 그에 상응하는 많은 시간과 노력, 그와 더불어 수많은 시행착오가 동반된다. 한 사람의 전문의가 되기 위해서는 이렇듯 치러야할 사회적 비용이 적지 않다.

사회적인 현상도 포정해우와 비슷하다고 생각한다. 두 사람 또는 두 집단 간에 이해가 상충할 때 양쪽을 모두 만족시킨다는 것은 마치 포정해우에서처럼 이상적인 것으로 현실적으로는 어려워지거나 거의 불가능하게 된다. 상황에 따라서는 한쪽이 완전히 손해보고 다른 쪽이 완전히 이기는 경우도 가끔 발생하기는 하지만 이 또한 대단히 불합리한 협상인 것이다. 협상이라기보다는 오히려 상황을 악용한 협박일 가능성이 훨씬 높기 때문이다. 왜냐하면 정육용 칼이 손상되지 않거나 소가 아무런 손실 없이 깔끔하게 해체된다는 것은 현실적으로는 도저히 불가능하다. 결국 양쪽 다 어느 정도의 손실을 예상하고 받아들일 여지가 있어야 대화도 되고 협상도 이뤄지는 것이다. 한쪽은 손해를 전혀 받아들일 준비가 되어 있지 않다면 대화나 협상은 의미없는 일이고, 단지 정치적인 구호에 불과하다.

요즈음 세상은 본인이 잘못을 하고서도 그 잘못을 조금도 인정하지 않는다거나 아는 바 없다고 둘러대는 것이 대세인 것 같다. 본질을 감추기 위하여 저열한 방법으로 있지 않는 사실을 민원인양 언론에 보내서 관심을 유도하기도 한다. 소위 '가짜뉴스'도 그런 부류라고 생각한다. 당시에는 미봉책으로 호도될 수 있겠지만 진실은 언제나 존재하며, 시간이 흐르면 언젠가는 명명백백하게 밝혀지게 된다. 협상에 대한 준비를 소홀히 한다거나 사실을 호도하는 등의 반사회적인 현상은 우리 사회가 앞으로 개선해 나가야할 중요한 과제로 여겨진다.

동티

27년 전, 13주간의 군사훈련을 마치고 장교 임관을 앞두고 있을 때였다. 삼군 사관학교의 훈련을 마치고, 군의학교로 돌아와서 임지를 배치 받는 일만 남겨놓고 있었다. 우선은 군의관 후보생들을 삼군으로 분류하고, 이어서 현역과 예비역을 나눈다고 한다.

다음날 예상과 달리 현역, 예비역 판정에서 예비역으로 결정되었다. 훈련이 끝났다는 기쁨도 있었지만 이미 해군으로 배정 받은 상태라 멋진 장교복을 입을 생각에 들떠있었는데 뜬금없이 예비역으로 편입되었다고 구대장이 알려주었다. 전공도 외과이고 신체에도 자신이 있던 터라 분명 현역으로 갈 것이라고 자타가 인정하였었기에 잠시 실망하였다. 다소 풀이 죽어서 내무반으로 돌아오니 오히려 경사스런 일이라고 동료들이 입을 모은다.

그렇게 영문도 모른 채 임지인 강원도 태백시의 모 병원으로 향하였다. 그 후에는 이미 말한 그대로 외과 과장으로 삼 년간을 보람 있게 보냈다. 나중에 안 사실은, 같은 처지의 공보의가 부모가 미국에 살고 있어서 현역으로 배치가 되지 않았기에 아마도 나 역시 부모님이 일본에 살고 있어서 그랬을 것이라는 것이었다. 부모님의 음덕이 나를 공보의로 되게 했나보다고 웃으며 자축했었다.

그 태백시의 종합병원에서 근무할 때의 일이다. 어느 날 중년의 아주머니 환자가 유방 근처에 멍울이 있어서 내원하였다. 멍울을 제거하였고, 며칠 후 조직검사 상 전이성 암으로 나왔기에 서울의 큰 병원에 가서 검사해 보도록 권하였다. 한 달인가 후에 찾아와서 물어보니 원발부위는 자궁이었고, 서울 병원에서 수술 받아 항암 치료까지 받고 왔다고 하였기에 그나마 다행이라고 위로해 주었다. 몇 개월 흐른 뒤에 다른 환자가 내원해서 진료해 보니 유방멍울이 있어서 조직검사를 권하였는데 집에 가서 의논해 보고 온다하고는 다음 날 와서는 안 한다고 했다. 이유를 물어보니 전에 어떤 분이 여기서 조직검사를 했더니 암이 전신으로 퍼져서 죽게 되었다며 사람들이 칼을 대지 말라고 한다는 것이다. '아차! 뭔가 와전되었구나.' 라고 생각을 하면서 누명을 뒤집어쓴 씁쓸한 기분이었다.

몇 년 전에 벌초하러 갔는데 산담 근처에 나무 한 그루가 있어 벌초하는데도 성가시고 볼품도 없어서, 삼촌더러 베어버리면 좋지 않겠느냐고 물었다. 그랬더니 전에 한 그루 더 있어서 베었는데 마침 그 몇 달 뒤에 어느 친척이 간암으로 돌아갔고 점쟁이에게 갔더니 '동티'가 나서 그랬다고 했다. 벌초하면서 그 나무를 베어버린 것이 원인으로 지목되어 한 동안 원망을 많이 받았다면서 남은 한 그루를 섣불리 베지 못하고 있다고 말해주었다.

'우리들은 알게 모르게 참 남의 탓을 많이 하고 있구나.'는 생각이 들었다. 잘 되면 자신이 잘 한 덕분이고 잘못 되면 조상 탓이라더니 그 말이 딱 맞는다는 것을 새삼 실감하였다. 어쩌면 모든 잘못을 남의 탓으로 돌리고 싶은 것이 인지상정일는지 모르겠다. 그렇다고 그렇게 바라는 대로 안 돌아가는 것이 또한 세상일이기도 하다. 설령 비난을 받을지언정 합리적으로 생각하여 타당한 것은 수긍하고 받아들이는 것이 더 나은 우리의 생활, 나아가서 더 나은 우리의 지역 문화를 위해서 좋은 일이 아닐까 생각해 본다.

이제 곧 벌초의 시기가 돌아온다. 산으로 들로, 가족묘지며 공원묘지가 벌초하는 인파로 뒤덮이게 될 것이다. 벌초하는 그 날 만큼이라도 조상에 대한 고맙고 존경하는 마음을 가지며, 친척들과는 오랜만의 만남으로 더욱 유대를 돈독하게 하는 좋은 시간이 되었으면 하는 바람이다.

뜨는 직업, 지는 직업

사람은 누구나 생계를 위해 한 평생 중 일정 기간 동안 직업을 갖고 살게 마련이다. 세상의 직업들은 모두가 사회에 필요한 것이며, 그러한 직업들은 또한 사회의 필요에 의해서 새로 만들어지기도 한다. 전에 흔하게 볼 수 있었던 사진관이며, 공중전화 부스 등이 우리의 시야에서 멀어진지도 여러 해가 됐고, 전에 드물던 휴대폰은 널리 보급돼서 누구나 손에 하나씩 쥐고 있을 정도다.

얼마 전 서귀포 시내 모 중학교에 직업 설명을 위한 강사로 참석한 적이 있다. 마침 그 자리에는 십여 명 정도의 다른 직업의 강사들도 자신의 직업을 설명하기 위해 모여 있었다. 초롱초롱한 눈망울들 앞에서 짧은 시간에 내 직업을 전달하려니 엄두가 나지 않았지만, 의사가 되기 위한 비교적 긴 과정을 가급적 알기 쉽게 설명해 줬다. 의사가 되면 좋은 점으로는 정년이 없다는 점, 자유 직업인이라는 점, 아직은 비교적 보수가 높고 사회적으로 존경을 받는다는 점 등을 열거했다. 덧붙여서 이제부터 어떻게 노력하면 의사가 될 수 있는지를 말해줬다. 사십 명 가량의 학생 중에서 의사가 되고 싶은 사람 손들어 보라고 하니 얼핏 열댓 명이 손을 들었다. 마지막으로 학생들에게 질문을 받으니, "선생님은 한 달에 얼마를 버세요?", "무슨 과가 제일 돈을 많이 벌 수 있나요?" 등 어쩌면 학생들의 관심은 수입 즉, 돈에 더 쏠려있음을 직감할 수 있었다. '월 200만원 버는 변호사, 어디 하소연도 못해', 며칠 전 인터넷 뉴스의 기사 소제목이다. 내용을 읽어보니 선망의 대상이었던 이 직업이, 변호사가 많이 배출돼 수입이 크게 줄게 돼서 체면치레하기도 벅차다는 그런 내용이었다. 어디 변호사뿐이랴. 마찬가지로 과거에 손꼽히는 인기 직종으로 의사도 포함됐지만 지금은 그 양상이 변호사와 비슷하다. 직업에도 경제 원리인 수요와 공급의 법칙이 엄격하게 적용된다고 하겠다.

한편 정부는 새로운 직업 100여개를 발굴하고, 관계부처와의 협의를 거쳐 유망 직업을 선별, 육성한다고 한다. 고용부는 우리나라에 없는 외국 직업 650여개 중 도입 검토가 가능한 직업 100여개를 선별해, 새 정부 국정과제 실현에 기여할 직업으로 '장애인 여행도우미', '신사업 아이디어 코디네이터', '원격진료 코디네이터' 등을 선별했다. 기존의 직종 간 융합 등을 통해 창조경제를 실현할 직업으로는 '빅 데이터 전문가', '소셜 미디어관리 전문가', 고인이 생전에 인터넷에 남긴 흔적들을 청소하는 '디지털 장의사', 벽 페인팅 등을 통해 주택이 높은 가격으로 판매될 수 있도록 돕는 '매매주택 연출가' 등을 뽑아냈다. 또한 양질의 시간제 일자리 창출이 가능한 '노년 플래너', '음악 치료사', '자살예방 상담자', '말벗 도우미' 등을 새로 떠오를 직업으로 선별했다.

이처럼 사회의 필요에 따라 생겨나고 없어지는 직업들도 다양하다. 의사나 변호사와 같은 기존의 전문 직종은 없어지지는 않겠지만 그 대우가 점점 열악해질 것으로 예상되는 반면, 새롭게 생겨날 것으로 여겨지는 '장애인 여행도우미', '디지털 장의사'나 '노년 플래너' 등은 블루 오션으로 크게 각광을 받을 것으로 예상된다. 직업이란 우리가 한평생 살아가면서 생계를 위한 일이기도 하지만 또한 누군가에게 서비스를 제공하고, 또 누군가에게서 서비스를 제공 받으면서 살아가는 것이다. 이왕에 제공할 서비스라면 기분 좋게 주고받는 것이 아름다운 세상을 위해서 좋겠다고 생각한다.

이기적 교환주의는 왜 필요한가?

우리는 부모님을 방문하거나 전화로 안부를 확인하거나, 용돈을 드리는 경우가 종종 있다. 여기서 과연 자식의 이런 행동이 맹목적인지, 아니면 대가를 바라고 하는 행동인지를 생각해 볼 필요가 있다. 사적 이전소득의 동기는 크게 이타주의와 이기적 교환주의로 나눌 수 있다. 이타주의는 이전소득이 어떠한 대가를 바라지 않고 무조건적으로 이뤄지는 이전소득인 반면 이기적 교환주의는 미래에 어떤 형태의 대가를 바라고 소득을 이전한다는 주장이다. 이때 대가는 금전적인 대가일 수도 있고 다른 형태의 서비스일 수도 있다. 예를 들어, 자녀의 경우에 부모 방문 횟수, 전화통화 횟수 등이 대가의 척도가 되는 것이다. 기존 연구 결과에 따르면 자녀가 부모에게 얼마만큼의 서비스를 제공하고 있는가에 따라 부모가 자녀에게 상속하는 유산의 액수가 달라진다는 사실을 보여 줌으로써 이기적 교환주의 동기 설명하고 있다. 공적 이전소득으로 대표되는 국가의 사회안전망 정책효과는 위에서 살펴본 두 가지 동기에 따라 다르게 나타날 수 있다. 먼저, 이타주의 동기에 의한 경우는, 정부의 사회안전망 정책으로 인해 수혜자의 소득이 증가했다고 판단되면, 사적 이전소득 제공자의 소득이전 의지는 점차 줄어들게 된다. 정부정책 실시 이전의 이전소득 제공자는 이타적인 동기 하에서 소득이 적은 개인에게 소득을 이전하였다. 그러나 정부정책으로 수혜자의 소득이 증가했다고 판단되면 기존에 지원하던 금액을 줄이게 되어 사적이전을 감소시키게 된다. 이런 현상을 공적이전의 사적이전 구축효과라고 한다. 이러한 구축효과를 고려하지 않는다면 정부 사회안전망 정책효과는 과대평가될 수 있다. 극단적으로 정부의 사회안전망 정책이 100%의 구축효과를 갖는다면 정부정책으로 주어지는 공적 이전소득만큼 사적 이전소득도 동일하게 감소하여, 정부정책은 수혜자의 소득증가에 아무런 영향도 미치지 못하고 정부의 사회안전망 정책은 분배효과를 갖지 못한다. 그러나 이기적 교환주의 동기에 의해 사적이전이 이뤄지는 경우에는 위에서 살펴본 공적 이전소득으로 인한 구축효과가 나타나지 않는다. 이기적 교환주의 동기에 따르면 자녀는 부모의 유산을 받기 위해 소득을 이전한다. 따라서 만약 정부정책으로 부모가 공적 이전소득을 받게 된다고 하자. 이는 부모의 전체 소득증가를 의미하며, 향후 보상이 더 커질 것으로 판단하여 자녀가 부모에게 사적이전을 제공할 유인이 오히려 더 커지게 된다. 이상의 내용을 간단히 정리하면, 사적이전소득을 제공하는 동기가 무엇인가에 의해, 즉 구축효과가 발생하는지의 여부에 따라 사회안전망 프로그램의 정책효과성이 달라진다는 것이다.

이런 재정학적 의미를 차치하고라도 일상적으로 설령 이기적 교환주의에 의한 소득이전을 할지라도 사회적으로는 반드시 필요하다고 생각한다. 바야흐로 고령화 사회에 접어들고 부모에 대한 효사상이 줄어드는 현실을 감안하면 부모님께 자주 안부 전화를 드리고, 종종 방문하고, 적더라도 용돈을 드리는 등의 행위는 사회적으로 칭찬받아야 한다고 여겨서 적극적으로 장려함이 좋을 것이다.

부산항의 갈매기 소리

사람은 잠을 자면서 다양한 내용의 꿈을 꾸게 된다. 그 중에 흔히 악몽이라 불리는 경우는 내용이 그리 다양하지 않을뿐더러 거의 고정적인 것 같다. 필자의 경우는 의대시절 시험 보는 상황이라거나 군대 훈련병 시절 그리고 수련의 일 년차 시절 정도의 내용일 것이다. 그만큼 정신적 신체적으로 힘이 들었지만 그 당시는 그 상황을 이겨낼 수 있는 젊음과 체력이 있어서 가능했던 것 같다. 지난 추억은 보통 아름답다고 하지만 위의 경우들은 결코 돌아가고 싶지 않는 고통스러운 시기인 것 같다. 어쩌면 일종의 싸이킥 트라우마(정신적인 외상)를 받았던 것이 아니었을까 생각해 본다. 그 중 하나인 수련의 일 년차 시절을 생각하니 새삼 같이 수련 받던 동료가 떠올라 잠시 악몽 여행을 떠나보려고 한다.

참고로 전문의 수련과정의 첫 일 년은 인턴과정으로 병원의 여러 과를 순회하면서 배우는 과정이고, 다음 삼년 내지 사년은 선택한 전공과에서 수련을 쌓는 레지던트 과정이다. 수련을 마치고 나면 전문의 시험을 볼 자격이 생기고, 합격하면 각 과의 전문의가 되는 것이다. 레지던트 일 년차는 누구나 할 것 없이 힘들고 지치다. 인턴 때는 여러 과를 돌기에 가끔은 땡땡이도 칠 수 있다지만 한 개 과에 묶인 일 년차 신세는 도피처가 없이 모든 스트레스를 몸으로 받아내야 하는 것이다. 환자들의 검사 결과를 챙기는 일이며 회진 준비 등의 입원환자 관리, 수술 준비 및 수술 후 관리, 의대생 교육관리 등 하는 일이 아주 많아서 몸도 마음도 만신창이가 되기 일쑤이다. 조금이라도 틈이 생기면 꾸벅꾸벅 졸기도 많이 하였다.

수술실에 들어가면 개복수술의 경우 보통 네 명의 의사가 한 팀으로 이루어지는데, 집도의를 기준으로 맞은편에 제 1조수인 레지던트 3~4년차가, 집도의 옆에 제 2조수인 레지던트 2~3년차가, 마지막으로 집도의와 대각선 방향에 제 3조수인 일 년차 레지던트가 서게 된다. 외과 일 년차이면 책을 들여다 볼 시간적인 여유가 거의 없을 뿐더러 수술에 대한 준비에만 몰두하였지 수술의 진행 과정은 잘 몰라서 그야말로 자리만 차지하여 서게 되고 수술 시야를 좋게 하는 리트랙터(당기는 수술용 기구)를 잡아당기는 것이 주 임무가 되는 것이다. 처음에는 열심히 수술 장면을 들여다보기도 하지만 잘 보이지도 않아 재미도 없어지고, 수술이 진행되면서 지친 몸에 슬슬 잠이 오기 시작한다. 어떤 때는 옆의 선배한테 들켜서 눈치를 받느라고 어깨로 밀리거나 발로 차이기도 한다. 깜빡 졸아서 앞으로 순간적으로 기울기도 한다. 그래서 별안간 정신이 번쩍 들기도 한다. 하지만 그 재미없고 지루한 수술도 어느 정도 시간이 지나면 끝나는 법이어서 그 때쯤을 기가 막히게 알아차려서 정신이 돌아오고 마지막 집중에 온 힘을 기울여서 마치 수술 시간 내내 수술에 열심이었던 것인 양 느껴지기도 한다.

필자의 경우는 같은 처지의 레지던트 일 년차에 고향이 대구인 동료가 있어 그의 표현을 빌면, 비몽사몽 수술에 임하다가도 부산항의 갈매기 울음소리가 귀에 들리면 그 후로는 멘탈리티(정신)가 또렷해져서 갑자기 활기를 찾는다고 하였다.

바야흐로 힘들게 수련을 받고 과정을 마친 지도 어느 덧 30년이 되려고 한다. 세월이 흘러가면서 같이 고생하던 동료들이 가끔씩 그립기도 하고, 비록 지난 일이지만 그 시절을 잘 이겨낸 자신과 동료들이 대견스럽게 여겨지기도 한다. 지금쯤 모두가 편안하고 행복한 나날을 보내고 있길 빌어본다.

동아마라톤 훈련코스를 걸으면서

요즘은 주중에 시간내기 어려워서 주로 주말에 걸으러 간다. 즐거운 마음으로 운동복 챙겨 입고 강창학 구장 아래쪽의 동아마라톤 훈련코스로 향한다.

서귀포시 소재 고근산 중턱에 위치하고 있고, 총 길이가 3.4km 정도이고 오르막과 내리막이 적당히 반복되며 주변 경관이 아주 좋고, 마지막은 우레탄 코스로 조금 쉬 듯이 걸을 수 있도록 배려해 두었다. 아직은 초봄이라 식물들도 동면중인 듯 황량하지만, 산벚나무는 벌써 물이 올라서 조만간 꽃망울을 터뜨릴 기세다. 걷노라면 길 복판에서 산비둘기가 날아오르기도 하고, 길가에서 꿩이 놀라서 푸드덕 날아가고, 멀리 노루 세 마리가 먼발치에서 경계하듯 쳐다본다. 길 입구에 꽃다발 모양의 워싱턴 야자며, 소나무, 말오줌때 나무, 상동나무, 예덕나무, 곰솔, 두릅나무, 대나무, 동백나무, 산벚나무, 사스레피 나무, 졸참나무, 떡갈나무, 천선과 나무, 팔손이나무 등등 많은 수종의 나무들과 큰 천남성, 들국화, 털 머위 등의 야생화들이 즐비하고, 담쟁이덩굴은 나무에 이미 기어올랐고, 길바닥에 깔린 가랑잎과 솔잎이 걷는 사람들의 발걸음을 즐겁게 한다.

우리는 왜 운동하는가? 사람마다 목적이 다르겠지만 건강해지기 위해서라는 것만은 공통적인 것 같다. 가급적 일주일에 서너 번 정도 걸으려고 하지만 잘 되지 않는다. 그래서 필자의 경우는 뭐랄까 하루치 모자란 운동량을 채우려고 걷는 것을 목표로 하고 있다. 예전에 출근하고 하루에 움직이는 걸음수가 얼마나 될까 만보기를 차고 헤아려 보았더니 기껏해야 천보 정도 밖에 되지 않았다. 건강하게 지내려면 적어도 하루 8천보 내지는 만보가 적당한 것으로 알고 있다. 그만큼 우리에겐 하루 운동량이 턱없이 부족한 것이다.

그 부족한 운동량을 채우려면 일부러 시간을 내서 걷는 방법 밖에는 없다. 그것도 적어도 하루에 30분 이상을 쉬지 않고 빠르게 걸어야 한다. 전에는 만보기를 차고 직접 걸음수를 측정도 해보았다. 보폭이 60센티라고 하면 3.4km를 걸으면 대략 육천 보 정도가 될 것이다. 40분 정도를 걸었고 조금 빨리 걸었다면 시속 5km 정도가 된다. 이 정도면 부족한 하루 운동량을 채우는데 적당하다고 생각한다. 다른 목표로 체중을 줄이겠다는 사람도 있을 것이지만, 필자의 경험으로는 아무리 꾸준히 걸어도 체중은 줄지 않았다. 그리고 체중 감량의 목표치를 정해 놓으면 쉽게 실망해져서 운동을 계속하기가 힘들어진다. 비록 운동량이 조금 부족하더라도 매일 꾸준히 하려는 마음의 자세가 무엇보다도 중요한 것이다.

모든 사람이 건강해지기를 바라지만 마음먹은 대로 되지 않는 것이 건강이기도 하다. 달리 말해서 자신의 노력으로 건강해질 수 있는 기회가 우리에겐 너무 적은 것도 사실이다. 유전적인 요인, 성격적인 요인 등 여러 가지 요인들이 작용하여 우리의 수명 내지는 건강상태를 결정하게 되는 것이다. 운동한다는 것, 걷는다는 것은 심뇌혈관에 좋은 작용을 하는 것은 분명하다. 즉, 심장과 혈관이 튼튼해져서 심장병, 뇌졸중과 고혈압 예방에는 물론 당뇨 환자의 혈당 조절에도 도움이 된다는 것이다.

적어도 일주일에 사흘 내지 나흘 정도, 하루 40분 이상, 등에 땀이 밸 정도로 빠른 속도로 쉬지 않고 걷는 것을 좋은 건강 유지 방법으로 추천하고 싶다.

남원리 걷다

서귀포 의료원장 삼년 임기를 마치고 남원에 개원하게 되었다. 내심 의료원장으로 한 차례 더 근무하고 싶은 마음도 컸었지만 뜻대로 안 되는 일이어서 아쉽게 마감하게 되었다. 전에 개원하였던 장소는 이미 다른 용도로 바뀌어 있어서 고심 끝에 내린 결정이었다. 작년에 개원하고 이제 반년이 지나고 있다. 낯선 지역에서 시작했기에 초반에는 힘들었지만 점차 자리를 잡아가고 있다.

진료실에만 앉아 있어서 운동할 시간이 부족한 나로서는 점심시간을 한 시간 반으로 늘리고, 그 시간 동안 걷기로 작정하였다. 한 시간 내지 한 시간 십분 간을 빠른 걸음으로 걷는다. 짧게는 큰엉 해안경승지를 거쳐서 제남도서관까지, 멀게는 위미 3리 교차로까지, 빠르게 걷고 나면 등에 땀이 배인다. 만보기로 측정하면 팔 천보에서 구 천보 정도가 되어 건강관리에도 도움이 되기 때문이다. 올해는 날씨도 춥고 눈도 많이 내려서 안 거르고 걷는 일조차도 쉽지가 않았다. 이월의 어느 날엔가는 안 좋은 날씨에도 불구하고 작심하고 걸었다. 남원은 올레 5코스 출발점으로, 해안도로를 시작으로 큰엉 경승지 길은 바닷가라서 눈이 잘 녹아서 걷기에 쉬울 거라고 생각하였는데, 웬걸 해안도로에는 눈이 녹았지만 큰엉 길은 햇빛이 적게 들어서 오히려 눈이 덜 녹아 반은 진창길이서 조심스럽게 걷기를 마친 적도 있다. 남원체육관로는 민가가 적어 조용하고 교통량마저 적어서, 걷기에는 안성맞춤이다. 길가에는 밀감 밭이 대부분이라 수확을 마친 감귤원은 출산을 끝낸 산모처럼 휴식 중이었고, 길가에는 바람막이 목적으로 심어진 구럼비나무, 숙대나무, 동백나무가 생각보다 많았다. 돌담 밑으로는 흰 수선화가 함초롬하게 피어서 여전히 한겨울임을 새삼 알려주었다. 남원 포구는 동쪽으로는 올레 4코스 도착점이기도 하여서 해안선을 따라서 거꾸로 걸어 나가면, 태흥 포구를 조금 지나서 바닷가에 접한 해안 오솔길이 있어서 홀로 호젓하게 걸을 수 있어서 좋다. 해안도로를 따라 걷노라면 파도소리가 간헐적으로 들리기도 하고 짭짤한 해조류 냄새가 나기도 하고, 탁 트인 바다를 볼 수 있어서 더없이 좋다.

서귀포에 개원한 지도 내년이면 벌써 만 삼십년이 되고, 이제는 완전한 서귀포 시민이 되어버렸다. 앞으로 몇 년 동안이 될지 모르지만 여건이 허락하는 한, 따뜻하고 정다운 이 곳, 남원을 날마다 걸으면서 건강하게 지내고 싶다.

인생의 목표

지나온 세월을 뒤돌아보니 아득하기만 하다. 나에게 인생의 목표라는 것이 과연 있기는 했던 것일까? 지금까지 무엇을 하면서 살았고 얻은 것은 무엇일까 생각해보니, 뚜렷하고 원대한 인생의 목표는 없었던 것 같고 겨우 알아낸 사실은 하루하루 잘 먹으면서 살아가고 있다는 정도이다.

초등학교 시절 담임 선생님으로부터 들었던 이야기 중에, 사람은 세 가지 부류가 있다는 이야기에 공감한 적이 있었다. 세상이 필요로 하는 사람, 세상에 필요 없는 사람 그리고 이도저도 아닌 사람의 부류라고 하였다. 나는 세상이 필요로 하는 부류에 들려고 애쓰면서 살았노라고 우기고 싶다. 그러나 처음에는 이도 저도 아니었을 것이고, 차차 내가 없다면 주변에서 아쉬워 할 거란 다소 일방적인 추측을 하게 되었다. 그나마도 확실하게 단정 지을 수는 없다. 사람들에게는 그날그날을 살아가기에도 버거운 일이기 때문이다.

다른 한 가지는 현실에 열심히 적응하려다 보니 지금에 이르렀을 것이었다는 생각이다. 사회가 요구하는 대로 다른 사람에게 뒤지지 않으려고 애쓰다 보니 얻어진 결과가 지금의 자신이 아닐까 한다. 자신의 판단으로 여러 중요한 결정을 내렸고, 그것을 받아들이고 주어진 임무를 수행하려다 보니 이리 되었다는 것이다. 어린 시절의 희망이라든가 젊은 시절의 방황 따위도 어쩌면 눈앞에 펼쳐진 문제들을 해결하려고 이리저리 뛰어다니다 보니 현재에 이르렀다고 할 수 있다.

나의 경우는 어려서부터 따뜻한 식사와 편안한 집이 절실하였다. 조용한 집에서 편안한 식사를 할 수 있다는 것이 크나큰 행복이라고 지금도 생각하고 있다.

사람은 나이가 들어서 늙어 죽는다는 것은 자연적인 진리이다. 주위의 사람들이 한 사람 두 사람 떠나가고 새로운 사람들이 늘 등장하곤 하였다. 그들과 동시대를 형성하면서 어울려 울고 웃으면서 오늘은 살고 있다. 지난 시절 나를 따뜻하게 대해주었던 사람들을 회상하면서 고마움을 느낀다. 그렇지만 그 사람들에 대하여 보답을 제대로 하지 못하였다. 앞으로도 그럴 것 같다. 보은한다는 것은 결코 쉬운 일은 아니었다. 제대로 의식해서 노력했다면 어느 정도 만회할 기회를 가졌겠지만 사는 것이 바쁘다는 핑계로 지난 다음에야 뒤늦게 알아차리곤 하였다. 어쩌면 반대의 경우도 가능할 것이라고 생각한다. 내가 당연히 받아야할 반대급부 내지는 보상을 못 받는 건 아닐까도 의심해 본다. 그렇지만 모두 부질없는 일이라고 여겨진다.

부자가 되는 일, 유명한 선수나 탤런트가 되는 일 등은 모든 사람이 바라는 바이지만 이루어내기 쉽지 않다. 사회구조가 위로 올라갈수록 그 숫자가 적어지는 피라미드 구조로 되어 있어서 소수의 사람만이 그 자리에 올라갈 수 있기 때문이다. 더구나 건강해지는 일은 사람의 의지와는 크게 거리가 있다. 질병에 걸리는 일, 특히 암에 걸리는 일은 예측도 안 될뿐더러 고작해야 조기 발견만이 좋은 결과를 가져오기 때문이다. 일상적인 건강관리와 자신의 신체에 대한 관심만이 도움이 되기 때문이다. 사람에게 가장 큰 족쇄인 죽음은 여전히 그 누구도 해결할 수 없는 문제이기에 자연의 이치에 순종하며 살아가는 길 밖에는 도리가 없다.

그렇다면 남은 인생은 어떻게 사는 것이 좋을까? 원하든 말든 종말은 시시각각 다가오게 마련이다. 하루하루 밥 잘 먹고 잘 자면서 주변에게 도움이 되는 사람으로 남아 있으면 좋지 않을까 한다.

세월

꿈속에서 과거 힘들었던 공보의 시절 동료를 만났다. 불현 듯 함께 동고동락하던 동료의 근황을 알고 싶어져서 그 아무개가 어떻게 살고 있는지 궁금해져서 다른 동료에게 물어 본 무렵이었다. 잠에서 깨서 한편으로 곰곰 생각하니 그들이 어떻게 지내는지 안다고 달리 무슨 행동을 했을까 하는 의구심이 들었다. 그러나 그럼에도 불구하고 모른 상태지만 그저 알고 싶어졌다. 살아오면서 만났던 수많은 사람들, 부모 형제, 친척을 비롯하여 초 · 중 · 고 대학 동창들 등등 많지만, 그 중에서도 힘든 시기에 같이 고생하던 동료의 근황이 더 궁금하여진다.

만남의 결과가 그다지 의미가 없어지는 건 왜일까? 아마도 세월의 무게 때문일 것이다. 돌이켜 보면 젊은 시절에는 비록 힘은 들었어도, 오로지 앞만 바라보면서 열심히 시간을 보냈고 그것을 보람으로 여겼기 때문일 것이다. 그래서 젊은 시절에는 마음의 여유가 없어서 연락을 할 수 없었다면 나이가 들어서는 시간적인 여유, 경제적인 여유가 생겼지만 감히 그들의 현재 상태를 파악하고 싶지 않게 되는 것은, 실제로 필요가 없을뿐더러 오히려 만남이 그들에게 폐가 되지 않을까 하는 우려 때문이다. 나의 경우는 전문의 자격을 취득하고 군에 입대한 후 13주간의 훈련병 시절과 인턴 레지던트 수련 과정이 힘들었고 그 시절의 동료가 가장 먼저 떠오른다. 다음으로는 의과대학 과정 6년 또한 녹록치 않았다. 지금은 졸업하여 모두 어엿한 의사가 되어 사회에서 활동하고 하고 있지만, 의대시절에 친했던 학우도 있고, 이름과 얼굴 정도만 알고 별로 안 친하게 지냈던 학우도 있다. 물론 전부다 궁금하지만 특히 친했던 동료가 궁금해서 수화기를 들어서 알아볼까 하는 생각이 들때도 있다. 그러나 '뭐 하러?' 하는 생각에 그만 두었던 적도 여러 번 있었다.

훈련병 시절에 생각나는 후배 한 명이 있다. 대개 군의장교를 신청하고 입소하기 때문에 인턴 1년을 수료하였거나 전문의 과정 3~4년을 마치고 입소하게 된다. 나는 인턴과정과 전문의 과정 4년을 마쳤고 그 후배는 치과대학 마치고 입소하였으니 5년 후배가 되는 셈이었다. 그다지 뚱뚱한 편도 아닌데 본인 생각으론 뚱뚱하다고 여겨서 훈련과정 중에 다이어트를 하겠다는 것이다. 주는 대로 먹고 열심히 시키는 대로 따라서 훈련을 쫓아가면 될 일인데, 기특하다고 여겨졌다. '오늘은 부식이 좋아서 밥을 전부 먹어버렸습니다.'하고 다이어트 실패를 털털하게 인정하는 모습이 인간다웠다. 지금은 다이어트 성공하여 날씬한 모습으로 살고 있을지 궁금해진다.

모든 것이 인연이라고 설명할 수밖엔 없다. 지구상의 수많은 사람들 중에 하필 그 인간하고 엮였을까? 서로 만나서 좋게 헤어진 경우도 많지만 안 좋게 헤어져서, 만나지 않았던 편이 한참 좋았을 거라고 여겨지기는 경우도 있다. 길거리를 지나면서 우연히 만나서 알게 된 경우도 있고, 학창이나 군대 등 비자발적인 만남도 있다. 더구나 부모 자식, 친척으로 필연적으로 만나서 좋은 관계로 지내기도 하지만, 불편하여 서로 연락조차 안 하고 반평생을 지내는 경우도 드물지 않다. 시간이 흐르면 사람은 늙고, 죽게 마련이다. 사람 사이에 연락조차 안한다면 그것은 죽어서 아무 관련이 없는 것과 무슨 차이가 있을까? 단지 마음의 짐으로 남아 가끔씩 떠오르면 마음이 불편해지는 것을 감수한다면 말이다.

사람은 어린 시절, 젊은 시절, 노년 시절을 차례로 당연하게 겪으면서도 자신이 그 과정을 빠짐없이 지나야 한다는 것을 깜빡 잊고 산다. 다른 말로 하자면 자신은 영생이라도 할 것처럼 행동한다는 것이다. 마음은 늘 일정하게 균형을 잡아서 아무런 흔들림이 없지만, 사람의 몸은 세월을 못 이겨서 본인의 의지와 다르게 변해만 가버리는 것이다. 결국은 몸의 변화를 감지한 마음이 흔들리게 되고, 시간의 흐름에 굴복하게 되는 것이다. 자신은 빨리 달려서 시간 내에 목표에 도달할 수 있을 것이라 자신하지만 신체는 전과 다르게 제대로 반응하지 못하게 되는 것이다. 그제야 세월의 힘을 인지하고 비로소 늙음을 인정하게 되는 것이다. 아무리 우리의 인생이 세월에 휘둘린다 해도, 살아있는 동안의 몸과 마음은 인간 개인의 것이고 남은 인생을 결정하는 것 역시 개인이다. 결론적으로 세월을 인정하고 죽음을 인정하더라도 여생의 주도권은 결국 사람이 가지는 것이므로 가급적 편안한 마음과 건강한 신체조건을 유지하도록 힘써야 하겠다.

제주인의 밥상

사람에게 가장 필요한 것은 두말 할 필요 없이 먹는 일이다. 어쩌면 살기 위해서 먹는다는 말까지 나왔으니 말이다. 일전에 텔레비전에서 방영한 '한국인의 밥상' 프로그램에서는 한국전쟁 후 힘들었던 시절의 '한 끼'를 주제로 여러 가지 음식들을 소개하였다. '존슨탕'으로 알려진 부대찌개며, 이북에서 피난 내려오면서 함께 월남한 함흥냉면, 김치전 등을 소개하면서 잘 먹지 못하였던 선조가 떠올라 눈시울 적시는 가족도 함께 소개하였는데 '힘든 시절이었지!' 하고 공감하였었다.

필자가 고등학교를 다닐 때까지만 해도 그다지 넉넉하게 먹지 못 하였던 것 같다. 당시에도 잘 사는 사람들은 잘 먹었겠지만 시골에서 살았던 필자의 동네에서는 먹는 것, 지금말로 메뉴가 비슷하고 단출하였다. 제주 음식의 특징은 양념을 적게 사용하거나 거의 사용하지 않아서, 음식 맛이 덜하였을 것이라고도 여겨진다.

과거의 사진을 보면 누구 하나 살찐 사람이 없었다. '이렇게 마른 적도 있었구나!' 하면서 놀라게 하는 사진 속 인물들이 한 두 사람이 아니었다. 우리 세대보다는 아버지 세대가 더 힘들었던 것은 당연한 일이었다. 아버지도 그 분들 중 한 사람이었고 한국전쟁에 참전하고 나서 잘 먹고 잘 살아보겠다는 일념으로 일본에 밀항하였었다. 그 후로 어머니도 건너가게 되어 함께 일본에서 생활하게 되었다. 그래서 일본에 계신 부모님에게 종종 편지를 써서 보내드렸었다. 할머니께서 편지하라고 잔소리 하시면 마지못해서 편지를 쓰곤 하였다. 초등학교 사학년 가을철쯤의 일이었던 것 같다. 당시는 편지 쓰는 것이 왜 그리도 싫었던지. 나름대로 끙끙대면서 편지를 작성해서 할머니께 먼저 읽어드렸다. "지금은 조 베기가 한창이라서 눈코 뜰 새 없이 바쁩니다." 가만히 듣고 계시던 할머니께서 "대림아, 경해도 편지를 경 쓰민 안 된다. 조 베기가 한창이란 말은 다른 말로 ᄒᆞ민 안 되커냐?" 나름대로 서정적으로 근사하게 표현하려 했던 것인데 그만 할머니께서 제동을 걸어오셨다. 그렇구나, 조 베기가 할머니한테는 ᄌᆞ베기로 들렸던 것이다(ᄌᆞ베기는 제주말로서 수제비라는 뜻임). 우리 세대도 어려운 시절을 보냈지만 아버지, 할머니 세대는 더 어려웠던 시절을 보냈던 것이다.

한편 아버지는 일본에서 중화요리 식당을 운영하셨는데 영업이 잘되었고 영양상태가 좋아져서 몸에 살이 붙어 예전의 비쩍 마른 모습은 간데없고 인자한 배불뚝이 사장님의 모습으로 몰라보게 변모하여 버렸다. 뚱뚱한 사장님이 소원이던 시절이 엊그제 일인데, 지금은 오히려 비만을 성인병의 원인이라 단정하며 경계하여, 날씬하고자 하는 사회적 바람이 훨씬 크다.

필자도 그 당시의 제대로 못 먹었던 것이 한이 되었음인지 비교적 많이 먹는 편이지만, 요즘에는 가급적 적게 먹으려고 노력하고 있다. 더구나 비만 예방을 위하여 운동이 필수적인데, 제주도민들은 주변 환경이 좋음에도 불구하고 운동을 예상보다 훨씬 덜 한다고 듣고 있다. 변화하는 시대에 맞추어서, 아쉽지만 먹는 것도 조금씩 줄이고 운동도 적절하게 하면서 건강한 생활을 유지하는 것이 지혜로운 일이 아닐까 생각해 본다.

곤밥 이야기

동호회 모임에서 식당에 갔는데 보리밥이 나왔다. 어느 선배님이 푸념하듯 말씀하신다. '과거에 질리도록 먹던 음식인데 요즘은 보리밥이 웰빙 음식으로 나온다. 그러나 나는 여전히 곤밥이 좋다.'고 하시면서 쌀밥을 따로 시켜서 드셨다.

어릴 적에는 곤밥을 먹어 보기가 쉽지 않아서 잔치나 제사명절 때만 먹을 수 있는 귀한 음식이었기에 그 때를 안 놓치려고 그 행사에 꼭 참석하여 자기 몫을 챙기곤 하였다. 지금은 밤늦게 시간을 지켜가면서 제사를 모시는 가정이 흔치 않지만, 과거에는 밤 11시에 제사를 봉행하기 시작하여 다음 날이 시작되는 자정을 지나서 제사가 마무리 되고 그 다음에 비로소 식사를 하였다. 졸음을 못 이겨 잠에서 깨어나지 못하면 곤밥을 얻어먹지 못하므로 비몽사몽간에 눈 비비면서 제삿밥을 먹었던 기억이 난다. 개인에게 나누어주는 '반'에는 얇게 썰린 사과 한 쪽, 손톱만한 생선 조가리, 돼지고기 한두 점이 들어있어서 어떤 어르신은 손자뻘 아이에게 자신의 반을 받아서 넘겨주기도 하였다. 당시는 제삿집마다 어린이들이 많이 모였지만 요즘 제사에는 어린이는 물론이고 젊은 사람들이 참석하지 않아서 분위기가 자못 썰렁하다. 어디 곤밥뿐이랴. 식사하면서 쌀 한 톨, 보리 한 톨을 흘리기라도 하면 당장 밥상머리 교육이 시작되곤 하였다. '보리 한 톨을 만들기 위해서 농부가 얼마나 많은 노력이 들었을까'를 회상시키며 흘린 밥알은 꼭 주워 먹게 하였다. 바야흐로 쌀 생산량이 늘고 쌀 가격도 낮아져서 쌀밥을 마음껏 먹을 수 있는 시대가 되었다. 그렇지만 쌀이 비만과 당뇨병에는 안 좋다는 인식이 늘면서 건강식으로 보리밥을 일부러 먹으려는 사람들이 점차 많아지고 있다.

과거에는 절약은 미덕이었기에 버리는 것은 가급적 적어야만 했다. 그러나 지금은 소비가 미덕인 시대이다. 물자도 풍부해져서 전처럼 그렇게 굶주리는 사람이 줄었기 때문이기도 하다. 오히려 식사를 많이 해서 비만과 당뇨병이 문제가 되면서부터는 밥을 남기는 것이 그다지 비도덕적인 문제가 되지 않게 되었다. 특히 가정주부는 식구들의 잔반을 처리하면서 비만이 되는 경우도 있어서 바로 음식물 쓰레기로 버리는 일이 많아졌지만 더 이상 흉이 되지 않게 되었다. 결국 사람의 처신은, 자신의 건강을 위해서 시대 상황에 맞게 하여야 한다는 것이다. 물자가 귀한 시절의 절약과 물자가 풍족한 시절의 소비는 달라질 수밖에 없다. 그렇지만 소비와 낭비는 구분하여야 한다. 풍족한 물자를 사용하면서도 헤프지 않게 사용하는 것이 그 요령일 것이다.

눈이 보배

어린 시절 자고나면 눈병으로 눈꺼풀이 달라붙어서 눈이 안 뜨여서 침 바르고 겨우 눈을 떴던 아련한 기억이 있다. 나는 최근 보름 정도 결막염을 앓았다. 처음에는 약간의 이물감과 충혈이 있어서 불편하긴 했지만 참고 지낼 정도였다. 발병 사흘 정도 뒤에 모임이 있어서 소주 몇 잔을 마신 탓인지 눈 주위가 부어오르고 충혈과 통증이 심해졌다. 주로 왼쪽 눈이었고 오른쪽 눈은 약간 불편한 정도였다, 그래도 보이는 것은 잘 보여서 그다지 걱정은 안 되었다. 사흘 정도 지나면서 눈의 충혈과 부종은 더욱 심해졌고 통증도 있어서 안과를 방문하였다. 안과 선생님의 말씀은 지금이 결막염의 절정기이고 점차 가라앉으면서 오른쪽 눈의 염증이 오히려 심해질 거라 하였다. 약도 먹고 점안액도 넣으면서 얼른 낫기를 기다렸다. 다행히도 왼쪽 눈은 증상이 차츰 나아졌지만 문제는 나빠지는 오른쪽 눈의 증상이었다. 시야가 흐려지기 시작했다. 마치 안개가 낀 장면을 보듯 흐릿하였고 글자를 선명하게 읽을 수가 없었다. 가까이서 보아야 하고 돋보기를 대고 보아야 겨우 인식이 가능할 정도라서 덜컥 걱정이 되었다. 왜 그런지 생각해 보니 오른쪽 눈이 주안이라서 그랬던 것이다. 좌측 눈의 증상이 심했어도 우측 눈이 괜찮아서 잘 보였었는데, 그 우측 눈이 염증으로 악화되니까 시력에 문제가 생겼던 것이라고 추측하게 되었다. 그 후 며칠은 일상생활이 대략 난감하였다. 모니터를 잘 보지도 못 하여 다가가서 보기도 하고 돋보기를 들이대서 겨우 업무를 진행해 나갔다. 핸드폰 숫자

누르는 것마저도 잘 안 되어서 여러 번 반복하곤 하였다. 점차 자신감이 줄어들었다. 간단한 봉합수술도 겨우 할 수 있었다. 하루하루가 빨리 지나서 시야가 어서 맑아지기를 기원했다. 시야가 맑지 않으니 텔레비전이며 모니터 모두 보기가 싫어졌다. 책 읽는 것을 말할 나위가 없었다. 결국, 눈은 먹고 사는데 큰 역할을 하지 않지만 살아가는 데는 없어서는 안 될 소중한 장기임을 몸소 체험하였다. 통증과 충혈이 가라앉으면서 마치 백내장이라도 생긴 듯 시야가 흐려졌다. 보이기는 하는데 안개가 드리운 것처럼 선명하지 않아서 글자가 잘 보이지 않게 되었다. 시간이 지나면 좋아질 것이라고 믿고 있었지만 그 때까지 나의 활동에 제한을 받기 시작했다. 컴퓨터에서도 글자를 잘 못 읽고, 넷플릭스 드라마 자막도 잘 읽을 수 없었고, 더욱이 핸드폰에 번호 입력은 오류로 여러 번 입력을 반복하게 되니 그야말로 총체적인 난국인 셈이다. 운전조차도 사고가 발생할까봐서 천천히 할 수 밖에 없었다. 가장 중요한 먹고사는 문제인 레이저 시술 작업에 자신감이 떨어지는 것이다. 며칠은 그래도 돋보기를 동원하고 해서 겨우 버텼는데 오래 유지할 수 없는 일이었다. 그렇지만 시간이 해결한다고 점차 시력은 개선되기에 이르렀다. 행여 결막염으로 백내장이 발생하지 않았을까 걱정이 되었다. 빛을 통과시키는 수정체인 렌즈가 혼탁해져서 결국에는 렌즈를 제거하고 새 렌즈로 갈아 끼는 수술인 백내장 수술을 할지도 모를 일이었다. 걱정하는 가운데 발병 열흘이 가까워지자 시야가 좋아지기 시작했다. 불편하긴 해도 우선 눈앞을 가리는 안개가 사라지니 기분이 좋아졌다. 분비물도 줄었고 통증이나 충혈도 가라앉았다. 거울을 보면서 야호 하고 큰 소리도 지를 수 있었다. 좌측 눈에서 시작되었기에 우선 좌측이 먼저 회복되었고, 우측 눈은 아직 아픈 증상이 조금 남았지만 추세로 보아 곧 회복되리라는 확신을 갖게 되었다.

역시나 회복된다는 것은 즐겁고 신나는 일이다. 이 번 일을 계기로 눈의 소중함을 새삼 느끼게 되었고 앞으로 눈 관리를 잘 하도록 해야겠다.

결막염을 앓고 난 후 우측 눈이 잘 안보여서 안경점을 방문하여 시력이 저하되었다면 안경 도수를 다시 조정하려고 갔는데, 실제로 안경 도수 조절이 잘 안된다고 하면서 백내장의 가능성이 있으니 안과 방문을 권하였다. 안과에서 검사하더니 우측 안에는 백내장이 있지만 심하지 않고 좌측 안이 오히려 더 심하다고 하였다. 그렇지만 우측안의 백내장은 중앙에 위치하여 시력의 저하가 더 심한 편이라 하였고, 백내장 수술 가능한 제주시내 안과를 소개받아서 여러 검사를 하고나서 얻은 결론은 백내장은 수술할 정도로 심하지 않다면서 기다려도 된다고 하였다. 이렇게 수술을 늦추는 결정을 하게 된 것은 행여 수술 후에, 경과가 좋으면 아무런 문제가 없지만 잘 못된다면 생업에 지장을 줄 수도 있다는 노파심 때문이었다. 안과 소동을 지내면서 눈의 소중함을 절실하게 체험하였고, 눈의 건강을 위해서 눈을 혹사하지도 말고 수시로 안과 진료를 받으면서 잘 관리하겠다는 재삼 다짐을 하였다.

삼식이 세끼

삼식(三食)이라는 세끼 식사는 비교적 근래에 전통적으로 우리 민족이 지켜오던 식습관이다. 과거와 다른 점이 있다면 하루 세끼를 먹고 싶어도 전에는 배불리 못 먹었다면, 지금은 일부러 한 끼 정도 걸러서 하루 두 번 정도로 줄여서 먹고 있다는 차이일 것이다.

사회가 발전하면서 식생활이 풍부해지면서 먹는 문제에도 많은 여유가 생겼고, 오히려 많이 먹음으로써 건강에 해가 된다는 인식이 증가하면서 식사 패턴이 여러 가지로 변화를 맞게 되었다. 평균 연령이 늘어나면서 그리고 퇴직하는 연령대가 상대적으로 일찍 당겨지면서 집에서 종일 식사하는 은퇴자들 역시 증가하게 되었다. 은퇴 전에는 집에서 아침과 저녁 두 끼만 준비하면 되었는데, 은퇴 후에는 하루 세끼를 차려주게 되니 주부가 할 일이 늘어나게 되었다. 더구나 젊은 사람들은 하루 두 끼가 생활화되어 소위 두식님이 탄생하게 되었는데 여기에 비해서 세끼를 챙겨먹는 삼식님은 세끼 쪽이 아닌 '새끼'로 전락하게 된 것이다.

나는 여전히 세끼를 고집하고 있다. 어려서부터 익혀진 식습관을 버리지 못하고 미련스럽게 살고 있는 셈이다. 누군가는 아침 식사는 건강에 도움이 되니 꼭 먹어야 한다고 하지만 젊은 사람들은 아침에 늦게 일어나서 얼른 세수하고 간단히 우유와 토스트 한 조각으로 때우고 출근한다고 하니, 결국 내 판단으로는 아침은 먹는 둥 마는 둥인 셈이다.

식사 습관은 옛날부터 사회적인 영향이 컸다고 한다. 물자가 부족했던 과거에는 하루 두 끼가 일반적인 경향이었고, 쌀이 풍부해지면서 비로소 하루 세끼로 정착이 되었다 한다. 인간은 생물이라 먹지 않고는 도저히 살 수가 없다. 하지만 먹는 회수는 조절할 수 있는 것이기에 논란이 생길 여지가 만들어지게 되었다. 영양학적으로 본다면 하루 세끼 식사 중 아침과 점심은 활동을 할 시간대이기에 필연적이라고 할 수 있다. 저녁은 활동량도 적도 더구나 잠을 자는 시간이 대부분 들어있어서, 저녁식사를 적게 먹거나 안 먹어도 크게 인체에 지장은 없을 것이다. 단지 많은 사람들의 머릿속에 인식되어 있는 감정이 남아있다. 행여 자다가 배가 고프면 잠이 오지 않는다는 점이다. 어린 시절 충분히 먹지 못하고 잠자리에 들었을 때 가끔은 경험했던 일이다.

그렇지만 최근의 내 경험으로는 공복감은 일시적이어서 얼마 정도 시간이 흐르면 다시없어지고 잠을 청할 수 있게 된다는 사실을 알게 되었다. 절식 내지는 단식으로 내가 건강해지고 있다고 생각하면 오히려 고통이라기보다는 약간의 쾌감으로도 느껴지기도 하였다. 요즘은 성인병인 고혈압증과 당뇨병의 유병율이 점차 높아지는 경향이 있고 나이가 들수록 빈도도 증가하고 있다. 소식이 중요하다고 알고 있지만 감히 시도하기가 겁이 난다. 왜일까? 많이 먹으면 성인병의 원인이 되고, 적게 먹는다면 공복감의 공포와 일하는 도중에 무력감이 올 수 있기 때문이다. 이 두 가지를 해결할 수 있는 방안으로 저녁 식사를 줄이거나 아예 먹지 않을 것을 권하고 싶다. 일단 시도해보고 굶는 것이 힘들면 줄이는 것으로 하고, 굶어도 견딜 만 하다면 그대로 유지하는 것이 좋다. 사람은 동물의 영역을 벗어날 수 없기에 안 먹고는 하루도 살아내지 못한다. 따라서 먹는 양과 방법을 조절함으로써 건강하고 활력이 넘치는 생활을 할 수 있도록 힘써야 하겠다.

냉면 자르기

요즘이 겨울철이라 냉면을 즐기는 사람이 없을 것 같았지만, 그 냉면집에는 맛있다고 소문이 나서 그런지 여러 사람이 냉면을 먹고 있었다. 냉면에는 물냉면과 비빔냉면이 있고, 육수량으로 그 둘을 구분하는 것 같다.

친한 친구가 있었는데, 비빔냉면을 좋아했고 특이하게도 면을 가위로 자르는 것을 극구 반대하여 불편하게도 이빨로 자르면서 먹었었다. 하도 궁금해서 물어본 적이 있었다. 우스갯소리인지 몰라도 면을 잘라서 먹으면 단명 한다고 말했다. 얼핏 듣기에는 긴 면줄을 자른다는 것은 왠지 수명마저도 줄어들 것 같아서 그럴 듯하였다. 그는 친구도 별로 없고 가족과도 별다른 소통이 없어서 유일한 친구인 나를 불러내서 식사하거나 술 한 잔 하는 것이 유일한 낙이었다. 어머니와도 소통이 없어서 내가 전화를 넣으라고 권해도 싫다고 거절한다. 한 때 잘나가던 카지노 고객유치 담당 직원으로 수입도 넘쳐났고 한 동안은 다소 방탕한 생활을 하였던 것 같다.

그와의 인연은 고등학교 삼학년 시절부터 시작되었다. 내가 고삼 시절 밀항을 시도하였다가 실패하는 바람에 한 해 늦어져서 아래 학년으로 다니게 되어 같은 반이 되면서부터였다. 호적상 출생연도는 같았지만 출생달이 빨라서 친구지만 형 아우로 부르며 지냈다. 고교 졸업 후 서울로 올라갔었는데, 그 친구의 집도 홍익대 근처인 상수동에 있어서 자주 놀러갔었고 그 친구의 어머니도 반갑게 대해주고 맛있는 음식도 종종 대접받았었다. 그 친구는 졸업 후 워커힐 호텔 카지노에 취직하였고 나는 의대 공부에 바빠서 서로 한 동안 만나지 못하였다. 일본어를 상당히 잘 하였고 대인관계가 좋아서 일본 카지노 고객들에게 인기가 많았다고 한다. 그야말로 그 친구는 승승장구 잘 나갔던 것 같다. 하지만 직업 특성상 술을 많이 마시게 되고 조금은 환락적인 생활을 하였을 것으로 여겨졌다.

나는 의대 졸업, 수련의 과정 수료와 군 복무를 마치고 서귀포에 내려와 개원하였다. 그러던 어느 날 우연히 길에서 그 친구를 만나게 되었고 서로 소통하여 다시 친해지게 되었다. 호텔 카지노 직원으로 내려왔으니 여전히 그는 잘 나가고 있었다. 그 후로 종종 만나서 식사도 하고 술도 마시고 하면서 지냈다. 그러던 중 직원 신체검사에서 이상 소견이 발견되었고, 간 정밀검사에서 암으로 판명되어 퇴직을 권고 받게 되었다고 실토하였다. 퇴직한 뒤에도 프리랜서로 기존의 일본 카지노 고객을 유치하면서 수수료를 받아서 넉넉하게 생활하였다. 그러나 암이 진행되면서 간 기능이 극도로 저하되었고 마침내 복수가 차면서 그의 모든 생활이 지배당하게 되었다. 그렇지만 소주는 하루도 거루지 못하고 한 잔이라도 꼭 마셔야 일상이 유지되게 되었다. 그날 이후로는 그의 인생은 내리막길이었다. 그 친구는 오래 살지 못하였다. 식도 정맥류 파열에 의한 출혈로 환갑 직전의 이른 나이로 사망하였다.

한 사람의 일생을 제대로 평가하는 일은 거의 불가능하다. 자신은 나름대로 최선의 선택을 하면서 살았을 것이라 생각되기 때문이다. 냉면 이야기를 그에게서 전해 듣고 난 뒤로 나 역시 면을 자르지 않고 냉면을 먹고 있다. 겉으로는 오래 살려고 한다고 하였지만 실상은 안 자르고 먹어도 그다지 불편하지 않았기 때문이다. 냉면집에서 가위가 같이 나오면 그 친구가 떠오른다. 아마도 그는 하늘나라에서도 여전히 가위로 안 자르고 냉면을 즐기고 있을 것이다.

비행기 사탕

요즘 세상은 변화속도가 빨라서 잠시라도 주춤거리면 새로운 환경에 적응하기조차 어려워졌다. 특히 스마트폰의 등장이 변화의 속도를 주도하는 것 같기도 하다. 이런 추세에 맞추어 사람들의 생각은 물론이고 문화마저 빠른 속도로 바뀌고 있다. IT산업의 발달은 과거에 생각조차 못할 일들이 현실이 되면서 인간 생활을 편하게 만들어 가고 있다. 티머니 기능이 장착된 신용카드 한 장이면 지하철은 물론, 택시, 버스까지도 탈 수 있고, 바야흐로 잔돈이 불필요한 세상이 된 것이다. 환자를 진료하면서 과거에는 보험청구서를 일일이 출력하여 우편으로 심사평가원에 보냈었지만, 요즘은 월말에 전자 우편으로 클릭 한 번으로 간단히 보낸다. 시간적으로 경제적으로 훨씬 절약이 되는 셈이다. 여기에다 물자가 풍족해지면서 오히려 전에 경험하지 못했던 여러 가지 일들이 발생하고 있다. 즉 근검절약이 미덕이던 시대에서 소비가 미덕인 시대로 변하면서 소위 '과소비'가 일상화되어 버렸다. 이로 인하여 음식물을 비롯한 쓰레기 문제가 발생하여 처리에 골머리를 앓는 상황이 벌어지고 있다. 자동차만 해도 손수 운전할 수 있는 사람이 흔치 않았던 시절이 있었지만 지금은 거의 누구나 운전이 가능하고 차량도 한 집에 두세 대꼴로 소유하는 바람에 교통문제며 주차장 문제가 사회문제로 대두되었고 교통체증이 일상화되어 버렸다.

몇 주간 서울에서 열리는 특강이 있어 오늘도 비행기에 올랐다. 비행 중간에 승무원들이 음료를 제공한다. 일반 항공사에서는 커피, 물,

음료수를 제공하고, 저가 항공사에서는 쟁반에 미리 따라놓은 물과 음료를 들고서 승객들에게 제공하고 있다. 비행기에 오르고 나면 긴장이 풀어지고 피곤하기도 해서 슬며시 잠이 들면 음료 서비스 시간을 놓쳐버려서, 좌석 앞쪽에는 '잘 주무셨나요?'라고 시작되는 쪽지가 덜렁 붙여진다. '당신은 게을러서 음료 서비스를 놓치셨습니다.'라고 해석되기도 하여 섭섭하기도 하고 약간은 부끄럽기도 하여서 슬그머니 종이쪽지를 떼어내 버린다. 반대로 피곤한 때는 계속 졸고 싶은데 습관적으로 서비스 카트가 다가오면 습관적으로 깨어서 물이나 음료를 받아 마신다. 오히려 이럴 때는 서비스가 없으면 좋을 것 같다는 이기적인 생각도 해본다.

어릴 적 맛보았던 '비행기 사탕'이 떠올라서 '맞아, 그땐 그랬었지…….' 하고 잠시 과거로 돌아간다. 그때는 비행기가 많지도 않았을 뿐더러 비행기를 탈 수 있는 사람도 많지 않았다. 아는 사람이 비행기를 타고 오면 주머니에서 꺼낸 비행기 사탕을 아이들에게 하나씩 내주면 맛있게 먹었던 기억이 있다. 그 당시에는 비행기 타는 도중에 귀가 먹먹해지는 것을 해소시키려고 사탕을 나누어준다고 들었었다. 어릴 적에는 공항에 나가서, 활주로의 비행기 트랩 앞에서 내려오는 손님을 직접 영접해서 같이 나오기도 했었는데 그 때는 비행기 자체를 가까이서 직접 볼 수 있다는 것이 신기하게 여길 정도였다.

결국 사회가 발전하면서 그 편리함의 이면에는 여러 가지 사회문제들을 새로이 만들어내고 있다. 그로 인하여 인간 생활이 더 불편해지고 각박해진다면 진정한 의미의 발전이라고 할 수 없을 것이다. 세상은 편해지지만 개인의 삶의 질은 오히려 저하되는 아이러니가 발생하게 되는 것이다. 어쩌면 비행기사탕을 기억하는 것도 가난하고 불편하였지만 여유롭고 행복했던 시절이 있었다는 것을 굳이 추억하고 싶어서가 아닐까 생각해 본다. 발전의 여러 가지 역기능을 슬기롭게 대처하여 우리 자신이 편안하고 행복한 생활을 영위할 수 있기를 기원해본다.

말라깽이 강아지

어릴 적 마당에 놓아길렀던 개들은 무척 좋아했었다. 밤중에 낯선 방문자를 알려주고 식구들이 먹고 남은 음식물 잔반을 깔끔하게 처리해 주는 누렁이를 좋아했었다. 당시에는 강아지를 집안에 들여놓고 기른다는 것은 상상도 하지 못하였다. 우선 대소변을 어떻게 처리하는 지도 몰랐고 개털이 여기저기 흘려 널려지는 것도 무척이나 걱정스러웠기 때문이다.

집안에 개를 들여서 키우기로 결심한 것은 유튜브에서 반려견 동영상을 보고 나서 마음이 변하기 시작하면서부터였다. 포메라니안이나 비숑프리제 하얀 강아지는 얼마나 귀여운지 내 마음에 쏙 들게 행동하였다. 그렇더라도 강아지 대소변은 어떻게 처리하느냐는 문제는 미해결로 남았다. 강아지를 들이기로 정하게 된 것은 아내가 강아지를 키우고 싶다고 말했기 때문이다. '쇠뿔도 단김에 빼라'고 했다고 강아지를 키우고 있는 후배한테 혹시 강아지 분양받는 곳을 아느냐고 했더니 마침 분양하고 있는데 다섯 마리 낳아서 세 마리는 이미 분양되었고 두 마리가 남았다고 한다. 3개월 정도 지난 강아지인데 한 마리는 활발하고 한 마리는 점잖다고 한다. 그리고 견종은 '토이 푸들'이라고 한다. 푸들은 들어본 적이 있지만 토이 푸들은 처음으로 들어봤다. 푸들 중에서도 성장을 마쳐도 더 자라지 않아 개 체장이 28cm 이내라서 작고 무척이나 귀엽다고 한다. 털색은 초콜릿색이고 암컷이라고 했다. 동영상을 보내와서 아내한테 보여줬더니 아주 마음에 들어 했다. 활발하다는 강아지로 결정하고 값을 치렀다. 한 시간 가량 차를 타고 집으로 배달해 주었다. 첫 모습은 너무나 초라하고 측은하였다. 체구도 작았을 뿐만 아니라 차멀미를 했는지 시무룩한 게 '저 철부지하고 어떻게 수십 년을 함께 살아가지?' 하는 걱정이 앞섰다. 먹이던 사료며 개집과 개 기저귀까지 챙겨서 왔기에 당분간 비용이 들 일은 없었다. 신기한 것은 3개월짜리 강아지가 대소변을 기저귀 깔아놓은 곳에다 본다는 것이었다. 아, 그래서 강아지를 집안에서 키울 수 있다는 거구나. 사료만을 먹여서 그런지 똥색도 검정색이고 냄새도 안 났다.

바야흐로 강아지와의 동거가 시작되었다. 처음에는 무기력하던 녀석이 사료를 잘 먹고 힘이 났던지 뛰어놀기 시작하는데 말릴 수가 없었다. 그러나 가끔씩은 대소변도 실수하여 바닥에다 보기도 했다. 5개월 되던 날에는 동물병원에서 추가접종도 하고, 애견센터에서 털을 완전히 깎고 상의를 사 입히고 데려왔다. 작지만 다소 통통하다고 여겼었는데 털이 없어지고 나니 그야말로 말라깽이다. 엄청 낯설게 보였지만 강아지 자신은 여전히 인간들한테 친절하고 상냥하게 대했다. 얼핏 드는 생각이 영화 '맨 인 블랙'에서 조그만 외계인 몇이 여주인공과 장난치며 노는 장면에 등장하는 그들이었다. 앞발을 벽에 기대어 서서 재롱을 부릴 때면 영락없었다. 부피로 말하자면 아마도 반 아래로 줄어버렸다.

강아지는 자신과 놀아 주기를 바라는 것 같다. 항상 발뒤꿈치에 달려들면서 옷을 물어뜯는다. 돌아서서 안아주고 쓰다듬어주면 기분이 좋다는 몸짓을 보내온다. 아쉬운 점이라면 인간이 먹는 음식을 함부로 주면 안 된다는 점이다. 맛있는 음식에 입맛이 들어버리면 사료를 멀리하는 경향이 있어서 성장에 지장을 주기도 하고, 몸 안에서 전해질 균형이 무너져 설사 등의 부작용이 생길 수 있기 때문이다. 그래도 인간들은 강아지의 환심을 사려고 안 볼 때 가끔씩 음식 쪼가리를 살짝살짝 떼어 주기도 한다.

전에는 애완견이라고 했었지만 요즘은 흔히 반려견이라고 부르고 있다. 인생 반려자라고 하면 부부간을 의미하는 것처럼, 반려견은 앞으로 쭉 생사고락을 인간과 함께 하자는 뜻에서 붙인 이름일 것이다. 이 철부지를 식구로 받아들이면서 드는 생각은 마치 새로운 자식을 입양함과 똑같다는 것이다. 우선 강아지에 대한 철저한 애정이 있어야 하고, 예쁜 짓 할 때만 좋아하고 사랑할 것이 아니라 여기저기에 대소변을 흘리고 다녀도, 행여 건강에 이상이 생겨도, 예방과 치료에 비용이 들더라도 한식구로서의 의무를 소홀히 하면 안 된다는 의미이다. 이 강아지는 다섯 마리 자식 중에 한 마리에 불과할 것이고, 두 번 다시 자신의 부모를 만날 일도 없을 것이다. 결국 죽어서 땅에 묻힐 때까지 이 집안 문턱을 나갈 일은 없게 되는 셈이다. 그렇지만 강아지가 이런 고차원적인 상황을 알 리가 없기에 헤아릴 줄 아는 인간에게만 은혜를 베풀 의무가 지워지는 것이다. 우리의 삶이 그러하듯이 앞으로 우리 사이에 여러 예기치 못할 상황들이 하나 둘 전개될 것이다. 그 상황들에 적절하게 대응하면서 우리는 울고 웃는 생활을 만끽하게 될 것이다. 강아지는 보통 장수하면 이십 년을 살기도 한다고 한다. 그녀의 장수를 기원하고, 작은 바람이 있다면 강아지가 더는 자라지 않고 지금의 아담한 크기로 있어주면 좋겠다. 오늘 아침도 내 발꿈치를 물어뜯으며 자신과 놀아주기를 강력하게 원하였지만 꾹 참고 출근하기로 하였다. 앞으로 펼쳐질 여러 가지 행복한 그림을 상상하며 강아지의 든든한 반려가 될 수 있도록 가족 모두가 열심히 노력할 것을 다짐해 본다.

홍윤애를 아십니까?

몇 개월 전 '제주 유배인과 여인들'이란 책을 읽고 홍윤애 이야기에 크게 감동 받았다. 당시 유배인이었던 조정철과 제주여인인 홍윤애와의 처절한 사랑이야기였다.

그 얼마 후인 지난 6월 23일 '의녀 홍윤애 추모 문학제'가 애월읍 유수암리 홍윤애 묘소에서 제주문인협회 주관으로 열렸다. 이날은 홍윤애가 비명에 간 지 232주기가 되는 날이었다. 그날의 슬픔을 나타내려는 듯 비가 부슬부슬 내리는 가운데 홍윤애에 대한 소개, 제례 봉행, 추모시 낭송, 참석자 헌화 및 분향의 순으로 진지하게 진행됐다.

홍윤애는 제주에 유배 온 조정철을 사랑한 여인이었다. 그녀가 사랑한 조정철은 관리도 아니요, 양반이나 선비도 아니었다. 그는 임금을 시해하려는 음모에 연루된 대역죄인이었다. 그녀는 사랑하는 사람을 위해 자신의 하나뿐인 생명을 기꺼이 바쳤다. 권력이 쳐 놓은 덫으로부터 사랑하는 사람을 지켜내기 위해 거짓 자백을 거부했기에 고문을 받아 억울하게 죽었다. 그날이 바로 정조 5년(1781) 5월 15일(음력)이었다.

정조 1년 8월, 정조 임금을 시해하고 은전군 이찬을 추대하려던 역모사건이 발각되자 조정은 발칵 뒤집혔고, 주동자와 연루자들이 줄줄이 잡혀들었다. 역모 사건이 들통 나고 주동자 중의 한사람이 조정철의 장인이었다는 사실이 드러나면서, 당시 27세로 탄탄대로를 걷던 그는 천 길 낭떠러지로 떨어지는 신세가 돼버렸다. 그렇지만 조정철은 겨우 살아남아서 절해고도인 제주 귀양길에 올랐다. 제주에서의 적소는 고을 아전 신호의 집으로 정해졌다. 이때 스무살 아가씨 홍윤애의 이웃이 되었다. 여러 해가 지나면서 홍윤애는 그의 조용하고 신중한 처신과, 항상 방안에 틀어박혀 책을 읽거나 시를 짓는 선비 중의 선비라는 걸 알게 됐다. 그의 처지가 궁지에 몰렸다는 걸 알게 된 홍윤애는 용기를 내어 집주인인 김윤재의 아낙을 찾아가 그분을 돌봐드리겠다고 자청했다. 그녀는 바느질삯을 알뜰히 모아 조정철의 식사와 의복을 수발하는 데 남모르는 정성을 기울였다. 이들은 서로 정이 들고 사랑하게 되면서 행동에 무척이나 조심했다.

마침내 당파가 서로 달라 오랜 견원지간인 김시구가 정조 5년 3월 제주목사로 부임해 왔다. 내려오자마자 그는 제주목사에게만 있고 다른 수령들에게 없는 선참후계권을 이용해 판관과 짜고 조정철을 제거하고자 했다. 그래서 조정철을 법정에 끌고 와 심한 매를 쳐서 거의 사체가 된 상태로 내쳤는데, 초주검의 조정철을 홍윤애가 입에 오줌을 부어 놓아 소생시켰다. 이에 분개한 김시구는 그녀를 관가로 끌고가서 장살해 동헌의 대들보에 매달아 죽여 버렸다. 관가에 끌려가기 전, 두 달 박이 어린 딸은 미리 언니한테 맡겨서 한라산 속 절로 떠나보냈다고 한다.

홍윤애의 죽음으로 인해 목숨을 건진 조정철은 29년의 오랜 유배생활을 끝내고 관직에 등용되자 순조 11년(1811) 제주목사 겸 전라도방어사를 자원하여 부임, 곧바로 생명의 은인인 홍윤애의 무덤을 찾았다. 목사의 신분인 사대부가 한 여인의 무덤에 찾아가 통곡을 하고 추모시를 써서 비석을 세웠던 것이다. 이후 조정철은 재임기간 중 받은 봉급 전부를 털어서 홍윤애와의 사이에 낳은 딸을 위해서 사용했다. 집도 지어주고 밭도 사주어 아비로서의 정을 아낌없이 듬뿍 주었다.

이 이야기는 단지 한 여인의 순애보에 그치는 것이 아니라 제주여성의 내면에 잠재된, 권력에 굴하지 않는 정의로운 기질을 세상에 널리 알리는 결과를 가져왔다. 그리고 홍윤애의 고결한 정신과 순정어린 사랑은 제주여성의 훌륭한 본보기가 될 뿐만 아니라 제주여성사에 빛나는 금자탑으로 각광받아 마땅할 것이다.

나 같은 건 없는 건가요?

며칠 전 송년회의 장면이 문득 떠올랐다. 거의 일 년 전 불의의 사고로 사망한 동창의 부인이 노래 순서가 되어서 무대에 올라가 노래를 부르기 시작하였다. 어느 가수가 부른 '나 같은 건 없는 건가요?'라는 제목의 노래였고, 조금 후에 동창 부인네들이 하나 둘 무대로 올라가서 같이 따라 부르기 시작하였다. 노래가 진행되면서 거기에 있던 우리들은 일순 뭉클한 감동을 느낄 수 있었고, 눈시울이 뜨거워짐을 느끼게 되었었다. 그 당시에 그런 감동을 느꼈었고 시간이 지나서 잊고 있었는데, 어제 신문에서 공무원이었던 고인이 된 동창이 표창을 받는다는 글을 읽고는 문득 그 감정을 다시 느끼게 된 것이다.

작년 이 맘 때 동창이 사고로 죽었다는 소식을 접하고 일폿날 참석하여 사고 당시의 상황을 듣고는 깜짝 놀랐었다. 사고란 의외적인 것이 대다수여서 사연들이 많지만 동창의 사연인 즉 그날이 마침 토요일이어서 시내 병원에 입원해 있던 노모를 문병하러 아들과 같이 가다가 차 사고를 당했고 운전했던 아들은 조금 다쳤지만 옆에 탔던 동창은 중상을 입어서 며칠간 투병하다가 결국 사망하였다고 한다. 유가족으로서는 이보다 더 슬픈 일은 없었을 것이다. 그저 무감각하게 듣다가 내용이 점차 들리기 시작하는 것이었다.

그렇다, 노래는 그저 단순한 노래가 아니었다. 일종의 강한 메시지였다. 심금을 울리고 눈시울을 적시게 하는 힘이 있었다. 살아간다는 것은 고달픈 여정의 연속이라고 여겨질 수도 있다. 좋은 일들만 이어진다면 우리의 인생은 더 없이 행복하고 근사할 것이다. 어쩌면 즐거운 일보다는 슬픈 일들이 많은 것이 현실일는지도 모른다. 인생은 희로애락이라고도 하고 인생대사를 관혼상제라고도 줄여서 말하기도 한다. 이 중에는 엄연히 슬픔을 간직한 행사들이 적어도 반 이상을 차지한다고 생각한다. 사람이 죽고 나면 남아 있는 사람들이 주어진 상황에 대처하고 마무리까지 책임을 져야한다. 앞으로 살아갈 일이며 한 사람의 공백을 슬기롭게 극복하고 새로운 생활패턴을 만들어야만 한다. 그것이 돌아가신 분에 대한 최대의 예의이고 도리인 셈이다. 이러한 반복적인 순환은 인류가 살아가는 동안 지속적으로 이어지게 되는 일일 것이다.

> 그대여 떠나가나요? 다시 또 볼 수 없나요?
> 부디 나에게 사랑한다고 한번만 말해주세요
> 제발 부탁이 있어요. 이렇게 떠날 거라면
> 가슴 속에 둔 네 맘마저도 그대가 가져가세요.
> 혼자 너 없이 살 수 없을 거라 그대도 잘 알잖아요.
> 비틀거리는 내 모습을 보면 그대 맘도 아프잖아요.
> 그대만 행복하면 그만인가요? 더 이상 나 같은 건 없는 건가요?
> 한번만 나를 한번만 나를 생각해주면 안되나요?
>
> – 〈나 같은 건 없는 건가요?〉 가사 전반부

유행가에 대하여 어느 유명한 가수가 이렇게 말하는 것을 들은 기억이 났다. 유행가는 아주 심오한 예술적인 표현은 아니어서 명곡처럼 수명이 긴 것은 아니긴 하지만, 한 시대를 대표하는 것은 분명하며, 가사 내용이 자신과 비슷하다고 느껴지면 자신만의 노래로 간주하여 신명나게 또는 처절하게 따라 부르는 그런 노래라고 말이다. 그래서 우리는 흘러간 유행가를 들으면 그 시절이 떠오르고 당시의 상황이 추억되어 환하게 웃기도 하고 울먹이기도 한다. 아마도 그 노래를 알지 못하는 사람들과는 전혀 소통이 안 되고, 당시 같은 노래를 공유했던 사람들은 아마도 비슷한 느낌을 새삼 얻게 될 것이다. 요즘 유행이 지난 노래들도 완전히 없어지지 않고 반추되는 한 가지 이유일 것이다. 노랫말 중간 중간에 있는 '사랑한다고 한 번만 말해주세요', '더 이상 나 같은 건 없는 건가요?', '비틀거리는 내 모습을 보면…….' 등은 그래서 더욱 듣는 우리를 가슴 아프게 하였던 것 같다. 사고를 당해서 죽는 사람이 가고 싶은 것은 절대로 아닐 것이지만, 비록 당신은 먼저 갔어도 부인인 저는 당신을 대신하여 당신 동창들과 동창 부인들도 만나고 씩씩하게 이렇게 살고 있다고 보여주고 싶었던 것은 아니었을까? 그대는 가버려서 이승에는 없을 지라도 우리는 이렇게 살아남아서 마이크 쥐고서 송년회 날을 맞아서 가버린 그대를 원망 아닌 애원을 하면서 노래하고 있다고 보여주고 싶었던 것은 아닐까? 또 우리의 일생이 꽃으로 표현되기도 하는데, 당신이라는 꽃은 조금 먼저 간 것이고, 우리네 꽃들도 조금 후면 당신을 따라서 곧 지게 될 것이니 너무 안타깝게 생각하지 말라고 위로하는 것인지도 모르겠다. 먼저 떠난 그대의 명복을 빈다.

사람의 나이

사람도 다른 동물들처럼 어느 정도 나이에 다다르면 죽게 된다. 우선 살고 싶은 것이 본능이고 보면 사람은 오래 사는 것을 희구하게 된다. 그렇다고 무작정 오래 사는 것만이 능사도 아닌 것 같다. 또한 사람의 수명은 자신이 결정할 수도 없는 것이어서 그야말로 저승사자가 데리러 올 때까지 아무리 고통스럽고 불편해도 참고 기다려야 한다. 아직까지 자신이 아무리 원한다고 해도 안락사는 법적으로 허용되지 않고 있기 때문이다.

오래 살았기에 '사기'를 쓴 사마천도 위대한 업적도 남겼고, 홍윤애와 감동적인 사랑을 나누었던 조정철도 사랑했던 사람에게 자신의 절절한 마음을 보여줄 수도 있었다. 거꾸로 오직 명예를 지키기 위하여 목숨을 버렸다거나 유배 생활을 못 견뎌서 죽어버렸다면 사마천의 위대한 역사서인 '사기'도 존재할 수 없었을 것이고, 조정철의 경우도 제주 목사로 부임하고 후세에 보답하는 등 그 후의 순애보적인 일들을 결코 역사에 남기지 못했을 것이다. 결과적으로 사람은 오래 살아야 자신의 가치를 한껏 발휘할 수 있기에 건강하게 장수하는 것이 가장 이상적일 것 같다.

'벤자민 버튼의 시간은 거꾸로 간다.'라는 유명한 영화에서 주인공은 노인으로 태어나서 점차 젊어지다가 결국은 어려서 죽는다는 기발한 설정을 하고 있다. 결과적으로 나이가 들어서 죽거나 어려져서 죽거나 인간은 죽을 수밖에 없는 존재인 것이다. 선인들도 그랬고 지금도 주위에서 누군가가 태어나고 누군가는 돌아가고 하는 일들이 반복되고 있는 셈이다.

장자는 부인이 돌아갔을 때 대야를 두드리면서 흥겹게 노래를 부르고 있어서 조문 왔던 친구 혜시가 깜짝 놀라서 그 이유를 물었더니 '처음에는 나도 무척 슬펐지만 곰곰 생각해 보니 사람이 죽고 사는 것이 자연적인 순리로 여겨져서 오히려 즐거운 마음으로 장례를 하는 것이 망자에게도 좋을 것 같아서 축하하는 중이라네.'라고 뜻밖의 설명을 하였다 한다.

사람에게는 염색체 안에 '텔로미어(telomere)'라는 유전자가 있어서 이것에 의해서 사람의 나이는 결정된다고 한다. 텔로미어는 그리스어 '텔로스(끝)'와 '메로스(부분)'의 합성어로 염색체 말단의 염기서열 부위를 말한다. 이 부분에서는 세포분열이 진행될수록 길이가 점점 짧아져 나중에는 매듭만 남게 되고 세포복제가 멈추어 죽게 되어, 노화와 수명을 결정하는 원인으로 추정되고 있다. 물론 사고나 암 같은 돌발적인 요소에 의해서 유전자 나이만큼 살지는 못할 지라도, 내장된 시계가 작동하는 동안은 살 수 있게 된다.

촉탁의로 요양원 진료를 한 달에 두 번 다니고 있는데 가끔 노인 입소자들의 변화가 눈에 띌 정도로 감지되기도 한다. 처음에는 걸었던 분이 점차 기력이 쇠하여 휠체어에 의지하여 이동하다가 마침내는 침대에서 움직이지 못하게 되고, 어느 날엔가는 돌아가시는 절차를 밟게 된다. 영화 '벤자민 버튼의 시간은 거꾸로 간다'와는 반대인 실상의 설정인 셈이다. 일상적인 과정과도 크게 다르지 않다. 우리는 출생하면서 사형선고를 받는다는 다소 충격적인 글귀도 있다. 하지만 우리에게 허용된 시간 동안 지구라는 별로의 여행을 마음껏 즐기고 편한 마음으로 돌아가려는 자세로 하루를 산다면 비로소 후회 없는 일생이 될 것이라 믿는 바이다.

늙음에 대하여

인간은 필멸의 존재이다. 나이가 들어 늙어지면 결국에는 사망에 이르게 된다. 주위를 둘러보아도 기존에 나이가 드신 친척, 부모, 조부모, 증조부모, 고조부모 등 모든 이들이 돌아가셨다. 인간은 오래 살기를 바라지만 그렇다고 영생을 바라지는 않는다. 어차피 영생은 불가하다는 것을 선험적으로 터득하였기 때문이다.

먼저 죽은 친구를 떠올린다. 그 당시 모습만 기억되고 나이든 그들의 모습은 상상이 안 된다. 그냥 젊은 모습으로 머릿속에 저장되어 있는 것이다. 오로지 살아 있는 사람들만 해마다 더 늙어갈 뿐이다. 고교 졸업 50주년 행사장에 참석하여 졸업하고 처음 만나는 나이든 동창을 만났던 적이 있다. 돌아와서는 만나지 않았다면 좋았을 거라는 생각이 들었다. 갓 스물의 젊은 모습만이 머릿속에 남았었는데 별안간 늙수그레한 업그레이드 된 모습이 눈앞에 나타나버린 것이다. 시간이 지나면서 싱싱한 모습 대신 늙은 친구를 떠올리게 되니 오히려 불만족한 사항이 돼버렸다. 내 선친은 지병으로 환갑 전 이른 나이로 사망하였다. 아들인 나는 그 후로 10여년 더 살고 있어서 내가 선친보다 생물학적으로는 더 늙어버린 셈이다. 아버지가 살아보지 못한 10여년을 더 살고 있다지만 이전의 여느 10여년과 다를 바가 없다.

갓난애로 태어나 한 평생을 살다가 죽는 것이 우리의 인생이다. 짧게 살거나 오래 사는 것은 개인에 따라 다르다. 지병으로 죽기도 하고 각종 사고로 인해서 사망하기도 한다. 탄생과 죽음의 결정권은 우리에게는 누구도 가지고 있지 않다. 인간은 호출당하면, 세상에 나왔다가 종료 사인이 떨어지면 가차 없이 퇴출당해야만 한다. 금수저로 태어나 평생 고생을 모르고 편안하게 살다가 가는 인생이 있기도 하고, 반대로 죽을 고생만 실컷 하다가 불만 가득한 채로 마치는 인생도 있는 것이다. 그렇다고 이에 대해서 누구에게 하소연하거나 화를 낼 수도 없는 것이 인간이다. 사회 전체로 보면 공동체에 도움이 되는 일을 하고 그 대가로 삶을 영위하는 것이 마땅한 일이다. 이와는 반대로 공동체에 해를 끼치면서 살아가는 사람도 있다. 이들은 결국 사회 시스템이 보이지 않는 손을 통해 조절하는 것이다. 도움은 주는 이에겐 보상을, 해를 끼치는 이에겐 처벌을 가하면서 사회가 안정적으로 운영되고 있는 셈이다.

젊음과 늙음의 차이에 대해 생각해 본다. 젊은 시절에는 나이 먹은 경험이 없기 때문에 비교할 수 없지만 늙어지면 비로소 그 차이에 대해서 생각할 수 있게 된다. 젊은 날의 장점은 힘이 넘치고 하려는 의지가 강한 것이다. 늙은 날의 장점은 과연 있을까? 없을 지도 모른다. 단점 한 가지를 꼽자면 힘이 줄어드는 것이다. 반면에 추진력과 집중력이 증강되어서 이득이 되기도 한다. 젊어서 힘이 넘치고 의지가 강하면 뭔가를 이루려는 욕구가 강렬하지만 이루지 못 하였을 때는 좌절하기 쉽다. 나이가 들면 힘이 사그라져서 정신적인 좌절감이 줄어들고 마음으로 조절이 가능해진다는 것이다. 비록 이루지 못하여도 실망감이 적어져서 사회생활을 원만하게 유지할 수 있게 된다. 늙은 시절을 지혜롭게 사는 것도 젊은 시절 못지않게 중요하다.

장례문화에 대하여

며칠 전 친척 분이 돌아가셔서 양지공원에서 화장을 하였다. 장례의 방식은 세계적으로 여러 가지가 있다. 매장, 수장, 풍장, 조장, 화장 등 다양하다. 우리 국민들은 아마도 전통적으로 매장을 선호하였던 것 같다. 대원군의 부친인 남연군묘가 도굴 당했을 때 국가적 수치로 알고 적극 대응하였었고, 천주교에서는 죽은 뒤에 다시 부활할 거라는 종교적 믿음으로 매장을 한다고 하였다. 사람이 태어난다는 것은 무에서 유가 창조되는 것이고 결국에는 죽는다는 것은 다시 무로 환원되는 과정인 셈이다. 사람의 몸에서 유리된 영혼이 떠돌다가 결국에는 사라지고 잊히게 되는 것이다.

우리나라 장례문화의 변천과정을 보면, 선사시대에 정착생활을 시작한 신석기인들은 주검을 주거지와 인접한 흙 속이나 조개더미 밑에 넣어 매장하였으며, 이후 청동기시대와 철기시대에 걸쳐 주로 돌이나 항아리 등을 이용하는 다양한 형태의 무덤들이 만들어졌다. 선사시대의 대표적 기념물인 고인돌은 주로 청동기시대 막강한 정치권력을 가졌던 지배계급의 무덤이다. 삼국시대 초기에는 각국마다 토속 신앙들이 난무하였으나, 삼국시대 중반 이후 불교와 유교, 도교 등 다양한 종교들이 한반도에 전래되면서 전통적인 상장례문화에 큰 변화를 가져오게 되었으며, 중국의 문화 영향으로 부모의 경우 삼년상을 치르는 유교식 상장례가 널리 행해졌다. 남북국시대는 불교를 국교로 삼으면서 화장 장례문화가 크게 확산되었고 이로 인해 승려나 귀족, 왕 등의 지배층까지도 성행하였다. 따라서 매장의 풍습은 점차 감소하였고, 이러한 장례풍습은 고려시대까지 영향을 미쳤다. 고려 후기 주자학의 도입과 함께 주자가례가 전래되어 유교적 도덕규범이 보급되면서 유교식 장례문화가 점차 확산되었다. 조선초기부터 성리학이 국가 통치이념으로 정착되면서 유교문화의 전국적인 보급과 함께 삼국시대부터 성행되어 온 화장 문화가 크게 쇠퇴하고 매장 풍습이 보편적인 장례방식이 되었다. 일제 강점기에는 화장장과 공동묘지가 도입되었으나, 이후에도 유교적 영향으로 장례문화는매장이 주를 이루었다. 그러나 지속적인 산업화와 고도의 경제성장 추진에 따라 수도권 대도시를 중심으로 도시화가 급속하게 전개되었던 1980년대 이후부터 묘지 구입난으로 인해 화장이 점차 증가하기 시작하였다. 결국 불교적인 화장문화와 유교적인 매장문화의 반복 과정을 거쳐서 오늘날에는 화장 중심의 장례문화로 변화되고 있는 중인 셈이다.

보건복지부에 의하면 2014년도 전국 화장률이 79.2%이었고, 제주에서도 63.5%가 화장을 하는 것으로 발표되었다. 여러 가지 이유로 매장보다는 화장을 선호하게 되지 않았나 생각한다. 우선 경작지가 줄어들고 있다는 현실적인 이유가 가장 컸을 것이다. 둘째로 벌초 등 묘지관리 문제이다. 과연 후세들이 지금과 같은 상황에서 제대로 관리를 해줄 수 있을까에 대한 강한 의구심을 품고 있다. 그리고 마지막으로 유교문화에 대한 신뢰가 저하된 것도 한 원인이 될 것이다.

그렇지만 오늘날 급속히 확산되고 있는 화장중심 장례문화는 국토의 효율적 이용과 장례절차의 허례허식을 줄이고 장례비용의 절감이라는 국가적 차원에서 큰 의미가 있다고 생각한다.

품위 있게 죽음을 맞이할 권리

요즘을 흔히 '웰빙의 시대'라고 한다. 하루를 살더라도 신체적으로 건강하고 마음 편하게 살자는 의미일 것이다. 여기에 대응해 '웰다잉' 이란 용어도 등장했다. 굳이 해석하자면 품위 있게 죽는다는 뜻일 것이다. 수련의 과정을 거치면서 수많은 죽음을 경험했다. 의사들이 심폐소생술을 하면서까지 소생할 가망성이 희박한 환자의 생명을 연장하는 것이 과연 올바른 일인가에 대해 회의가 들 때가 종종 있었다. 심한 경우는 늑골 골절까지 오는 경우도 있었다.

단지 의식 없이 생명만 연장한다는 것이 실제적인 의미도 없을뿐더러 병원 치료비마저 늘어나서 가족의 부담이 늘어나게 된다. 의사의 입장에서는 꺼져가는 생명을 방관할 수 없어서 난감해지기조차 한다. 다행스럽게도 소위 '웰다잉법'이 지난해 12월9일 국회 복지위 소위를 통과했다는 소식이 있어서 환영하는 바이다.

공식 명칭은 '호스피스 · 완화의료 및 임종 과정에 있는 환자의 연명의료 결정에 관한 법률'인데, 환자가 품위 있는 죽음을 스스로 선택할 수 있도록 한 법안이다.

1997년 서울 보라매병원에서 의료진이 환자 부인의 강력한 요청 때문에 의식불명의 환자를 퇴원시켰다가 환자가 곧바로 사망하는 일이 벌어졌고, 해당 의료진은 무려 수년간의 법정 공방 끝에 2004년 대법원에서 살인방조죄로 유죄판결을 받았다. 의사들은 처벌을 피하기 위한 방어 진료에 몰두했고 살아날 가망성이 없는 환자에게도 무비판적으로 연명치료에 착수했다.

환자와 가족의 의사는 철저히 무시됐다. 의식이 사라진 환자에게도 인공호흡기가 부착됐고 가족은 환자와의 만남도 단절된 채 막대한 병원비에 고통을 겪었다. 그러나 2008년 1년 넘게 식물인간으로 지낸 김모 할머니에 대해 자녀들이 연명의료를 중단할 것을 요구했더니 세브란스병원이 이를 거부하면서 법정소송까지 갔고, 이듬해 대법원은 처음으로 존엄사를 허용하는 판결을 내렸다. 의학적으로 무의미한 신체 침해행위에 해당하는 연명치료를 계속하는 것은 인간의 존엄과 가치를 해치므로 환자의 사전 의료지시 또는 추정적 의사에 의해 연명치료를 중단하는 것이 가능해졌다. 이 대법원 판결을 계기로 무의미한 연명의료를 중단할 수 있는 법적 근거가 필요하다는 여론이 활성화됐고, 이를 바탕으로 국회에서 '웰다잉법'이 통과된 것이다. 우려되는 점은 인명 경시의 사상이 만연되지 않을까 하는 것이다. 이에 연명의료를 중단할 수 있는 방식도 구체적으로 법에 규정했다. 환자와 보호자의 의사나 주치의의 의사를 잘 파악해 만에 하나 있을 이 법의 악용을 방지할 수 있어야 한다.

이 법에서 무의미한 연명 의료를 중단할 수 있는 대상은 회생 가능성이 없고, 질병의 원인을 치료하는 의료 행위에 반응하지 않으며, 곧 사망할 임종기 환자라는 세 가지 조건이 모두 충족돼야 한다. 이러한 환자까지 심폐소생술이나 인공호흡기 등을 통해 억지로 생명을 연장하는 것은 무의미하다는 게 이 법안의 취지다. 앞으로 회생가능성 없이 고통만 나날이 연장되는 환자와 그 가족들에게 이 법은 크게 도움을 줄 것이다. 우리에게는 웰빙할 권리도 있고 품위 있게 죽을 권리도 있는 것이다.

창살 없는 감옥

아주 오래된 유행가 중에 '님'이라는 노래가 있다. 가사 내용인 즉, "목숨보다 더 귀한 사랑이건만 창살 없는 감옥인가 만날 길 없네."라고 되어 있다. 가사 속에는 사랑하는 사람을 못 만나고 있는 상태를 '창살 없는 감옥'이라고 했다. 지금처럼 일반 전화도 흔치 않았고 휴대폰도 없던 시절이라 답답한 마음을 감옥이라 표현했겠지만 그 감옥이라는 단어에는 어릴 적 들었을 때부터도 안 좋은 섬뜩함이 있다는 것을 마음에 새겨지지 않았을까 한다. 또한 비슷한 표현으로 '콩밥 먹는다.'라는 표현도 있었지만 그래도 감옥보다는 덜한 편이었다.

자라면서 너의 희망이 무엇이냐고 물으면 당시에는 유행처럼 대통령이라고 하는 초등학생 동창도 여럿 있었다. 내 희망이 무엇이었는지는 뚜렷이 기억나지 않지만 적어도 '의사'는 아니었다. 고등학교 삼학년 대학 진학을 앞두고 나는 '마도로스'를 희망했었다. 커다란 선박을 타고서 세계 곳곳을 누빈다면 얼마나 좋을까 하는 피상적이고 미숙한 생각 때문이었다. 그 희망은 입학원서를 제출하기 전까지만 유효했었다.

후원자인 아버지가, 가정이 불안해진다는 이유로 극력 반대하면서 그 유망했던 장래의 직업은 찌그러져 버렸고, 아버지가 대신 제시한 직업은 뜻밖에도 미지의 직종인 '의사'였다. 잘 알지 못했지만 그런대로 입시를 통과해서 어찌 잘 하면 좋은 직업이 될 수는 있겠다고 여겨졌다. 운 좋게도 의과대학 입시에 합격하는 바람에 결국 의사의 길을 걷게 되었다.

세상에는 많은 직업들이 있다. 우리 인간이 살면서 필요한 일들을 직업이라는 이름을 붙여서 각 분야에서 활동하면서 그것을 밥벌이 수단으로 삼고 산다. 그렇다면 의사라는 직업은 어떨까? 사람들이 부러워하는 직업이고 수입도 좋은 편이라고 한다. 나도 처음에는 그렇게 알고 열심히 내 일에 충실하였다. 이전 준비 단계인 의대 6년, 인턴 레지던트 5년 과정을 잘 참고 견디어내서 결국 전문의가 되었고 공보의 과정을 마쳐서 개원을 하게 되었다.

개원한지 36년째, 시간이 빠르게 지나서 부지불식간에 노인 그룹으로 편입 당하였고 서서히 퇴출을 기다리는 입장이 되었다. 다른 직종의 친구들은 이미 정년퇴직하여 편안하고 즐거운 노후생활을 보내고 있지만 나는 그렇지 못하여 조금은 불만족이다. 그러고 보니 긴 세월 동안 일요일을 빼고 열심히도 병원 문을 열었다. 자신이 아프거나 말거나 컨디션이 안 좋아도 끄떡없이 진료에 임하였다. 바야흐로 세월의 흐름 속에서 의사들 중에서도 한 두 사람씩 인생에서 퇴출되기 시작하였다.

이제야 내 자신도 지난날의 나를 돌아보게 되었다. 열심히 근무한 것과 일반 사람들이 생각하는 부러움의 대상인 의사 직업을 선택한데 대해서도 불만은 없다. 그러나 제일 큰 불만을 꼽으라면 한마디로 '창살 없는 감옥'이다. 봉직의는 다르겠지만 개인의원의 경우 원장이 없으면 병원이 그대로 멈춰버린다. 그래서 어떤 일이 있어도 원장은 자리를 지켜야 하는 것이다. 삼십 여 년간 꾸준히 이 원칙을 고수하고 있다. 잠깐 가까운 주민 센터를 가더라도 눈치가 보일 정도였다. 다른 한 가지는 의사수입의 기회비용이 높아서 장시간 병원 문을 닫기가 힘들었다는 것이다. 사나흘간의 여름휴가는 견딜만 하지만 열흘 이상의 긴 휴가는 도저히 엄두가 나지 않았었다. 개원하고 삼십 여 년간 두 번만의 긴 휴가를 가질 수 있었다.

현재의 내 상황을 떠올리면 항시 '님'이라는 노래 가사가 생각난다. 어쩌면 잘 알지 못한 상태로 얼떨결에 의사라는 직업을 선택해버린 죄명으로 '창살 없는 감옥'에 자진하여 수감된 죄수일 거라고 자조해 본다.

제주어의 미래

제주어를 조만간 지구상에서 사라질 '위기의 언어'라고 유네스코에서 지정했다 한다. 어릴 적부터 제주어를 사용해온 필자로서도 슬프지만 동감하는 바이다. 필자가 초등학교를 다녔던 60년대 중반만 해도 언어 정책이 표준어로 통일하려는 기조가 강해서 학교에서는 반드시 표준어인 서울말을 사용하게 했다. 그렇지만 가정에 돌아오면 다시 제주어 선생님이셨던 어르신들이 계셔서 편안하게 제주어를 구사하곤 했다.

이제 시대가 바뀌었다. 획일적인 통일성 내지는 일관성을 추구하는 시대에서 다양성을 추구하는 시대가 온 것이다. 출산 정책만 해도 '아이 적게 낳기' 캠페인을 하던 시대에서, 자녀를 많이 낳은 가정이 애국 가정인 시대가 왔다. 우리네 삶은 시대의 흐름에 순응해서 살아가야 하는 것이다. 한 가지의 고정적인 법칙이나 원칙은 없다. 아마도 지금과 같은 언어 정책이 지속되는 한 제주어의 미래는 없다고 생각한다. 지금까지 제주어를 사용하는 인구가 그나마 유지될 수 있었던 것은 가정에 계시던 어르신들 덕분이었다. 지금은 학교에서 집으로 돌아와도 제주어를 가르쳐줄 선생님이 없다. 설령 제주어를 알고 있다고 해도 과거에 세뇌된 언어 교육의 효과로 인해서 아이들에게 말해 주지 않고 있는 실정이다. 다시 말해서 제주어를 사용하는 연령층이 점차 옅어지면서 제주어를 새로 배우지 않는 연령층은 두터워지는 결과로 소멸은 불 보듯 뻔한 일이다.

몇 달 전 '제주어 선생 육성교육 과정'에 수강생을 모집한다는 신문 광고를 보고 신청해 일주일에 한번, 두 시간씩, 5개월 예정으로 강의를 받고 있다. 주최측인 '제주어보전회'에서는 50명을 선착순으로 모집한다고 했는데 90여명이 몰려서 신청하는 바람에 모두 받아들여서 교육하기로 했다고 한다. 강의 받는 기분이 마치 일제 강점기에 한글 교육을 받는 기분이라면 과장된 표현일까. 한마디로 편안하고 진짜로 고향에 돌아온 기분이었다.

제주어는 과연 필요한 것이기는 한 것일까? 어떻게 하면 제주어의 소멸을 막을 수 있을까 생각해 보았다. 첫째로 우리들의 의식이 바뀌어야 한다. 제일 쉬운 방법이면서 가장 중요한 방법은 가정에서 아이들에게 제주어로 대화를 하는 것이다. 제주어를 아는 가정인 경우는 마음먹기에 따라 당장 실행할 수 있는 간단한 방법이다. 두 번째로 교육정책이 변해야 한다. 제주의 초등학교 전 학년에서 일주일에 적어도 한 시간은 제주어 교육을 시켜야 한다. 과거에 했던 국어 교육정책을 시대의 흐름에 맞게 거꾸로 시행하는 것에 불과한 일이다. 그래야 제주어 사용 인구를 늘릴 수 있다. 세 번째로는 언론 매체의 적극적인 협조이다. 라디오, 텔레비전 및 신문 등의 모든 지역 매체가 제주어 사용 프로그램 시간을 늘려야 한다. 한 예로 최근에 순수하게 제주어로 제작된 영화 '지슬'처럼 제주어를 모르는 관객에게는 자막 서비스를 통해서 보완하면 되는 것이다. 네 번째로 연구 단체에서는 제주어를 문법에 맞게 '자신있게' 사용할 수 있도록 소위 '제주어 맞춤법'과 '제주표준어 규정' 등을 잘 정비해 현재 사용하고 있는 제주어를 가꾸어 나가야 할 것이다.

바야흐로 시대는 세계화 시대이기도 하고 지방화 시대이기도 하다. 제주는 관광이 미래의 중요 자원이고, 제주적인 것을 많이 간직하고 있어야 관광지로서의 매력이 있는 것이다. 아무리 멋진 자연풍광을 내세워 사람들이 찾아온다고 해도 서울말만을 일률적으로 사용하고 있는 제주를 생각해 보라. 그 효과가 반으로 줄어들 것이 분명하다. 대한민국의 영토이면서 외국어인 듯 아닌 듯한 제주어를 쓰고 있는 제주는 분명 반짝반짝 빛나는 보물섬이 될 것임에 틀림이 없다.

제주어의 미래, 그 두 번째 이야기

바야흐로 선거의 계절이 다가왔다. 금년 유월이면 도지사, 도교육감 그리고 도의원(교육의원 포함) 선거가 열린다. 필자가 가장 관심을 갖는 부분은 제주어에 대한 교육감과 교육의원들의 공약사항이다. 공약(公約)은 공약(空約)이라는 우스개도 있지만, 그래도 상당한 압력으로 재임기간 동안 유효할 것이라고 믿기에 거는 기대도 크다고 할 것이다.

'소멸의 위기'에 빠진 제주어가 위기를 벗어나서 활기찬 언어로 살아남기 위해서는 도민들의 적극적인 의지가 중요하지만 못지않게 교육감이나 교육의원 등 제주 교육을 선도하는 높은 분들의 의지 또한 중요하다고 생각한다. 제주어에 대한 애정과 정열을 가진 교육 지도자를 우리 손으로 뽑아 제주어 교육을 반석 위에 올려놓아야 할 것이기에 어느 후보가 제주어에 대한 관심과 실천 능력이 있는지를 판단하여 선택하는 것도 제주어를 위한 좋은 응원이 될 것이라 믿어 의심치 않는다.

이와 더불어 제주어 교육을 내실 있게 실천해 나가기 위해서는 소위 '제주어 표준안'이 서둘러 마련되어야 할 것이다. 지난 해 제주어 보전회에서 주최한 '제주어 선생 육성 교육과정' 강의를 받는 중에 어느 선생님께서 표준안이 현재 논의 중이어서 조만간 마련되는 대로 그것에 의해서 제주어 문법을 강의하신다고 하셨으나 결국은 표준안은 구경도 못한 채 강의는 끝나고 말았다. 관련 담당자들이 서로 합의하여 한 가지 안(案)을 도출한다는 것이 현실적으로 어렵다는 것을 실감하였다. 필자가 배우기로는 언어는 생물이다. 이 시간에도 살아서 꿈틀대고 있으며 앞으로도 변하면서 존재할 것이 언어이기에, 아쉬운 대로 표준안을 우선 도출하고 나서 '후 보정'하는 방법이 좋을 것 같다. 어느 정도 시간이 경과해야 훌륭한 건축물이 완성되는 것과 같다면 몰라도, 이미 연구된 범위 내에서 합의를 끌어내는 것이기에 시간적인 숙성을 따로 필요로 하는 것이 아니라는 것이다.

제주어는 앞으로도 많이 다듬어지고 더욱 발전되어야 한다고 생각한다. 결코 화석으로 남아서는 안 되며, 실생활에서 사용되며 더욱 아름답고 훌륭한 언어로 가꾸어 나가야 할 의무가 지금의 우리에게 있다고 생각한다. 아래아만 들어가면 제주어라는 잘못된 인식이 있다. 하나의 실례를 들면, 어느 관공서에서 내건 환영 현수막에 'ᄒᆞᆫᄌᆞ옵서'라고 적어놓고도 잘못된 줄 모른 채 지금도 버젓이 내걸려 있는 실정이다.

몇 개월 전에도 이 지면을 통해 언급하였듯이 과거 전국일원화를 지향한 표준어 교육은 나름대로 의의가 있었지만, 지금은 시대가 바뀌고 전국이 일일 생활권화가 이루어진 만큼 지역을 중심으로 지역문화를 키우고 살리는 것이 오히려 중요한 세상이 되었다. 이에 맞추어서 제주어를 살리려면 과거의 표준어 교육방법을 거슬러서 학교에서 제주어 교육을 병행해나가는 것이 실제적이고 효과적인 방법이라고 믿고 있다.

필자가 주장하고 싶은 것은 우선 제주어 표준안이 서둘러 합의 도출되어야 할 것이며, 이 표준안을 바탕으로 초등학교에서부터 제주어 교육을 새로 시작해야 할 것이다. 또한 이러한 제도를 만들고 추진하기 위해서는 제주어에 대한 애정을 가진 교육계 지도자들이 절실하게 필요한 시기라는 것이다.

요즘 다행스럽게도 도내 텔레비전 매체에서 제주어를 영화 '지슬'처럼 자막 처리한 영상 프로그램들을 어렵지 않게 볼 수 있어서 신이 난다. 우리가 주인의식을 갖고 보살펴나갈 때 제주어는 세계적인 보물로서 우리나라를 넘어 세계인의 사랑을 듬뿍 받게 될 것이라고 확신하는 바이다.

제주어와 아래아

지난 8월 12일 제주 문인협회에서 주최하는 제주어 문학 발전을 위한 토론회가 열렸다. 소멸 위기의 언어인 제주어를 활성화하고 제주어 사용을 확산하기 위한 모임이었다. 그날 본인은 토론자로 참석하여 의견을 피력하였었다.

제주어의 미래는 한마디로 말하자면 영원할 것이다. 그것은 지구상에서 한글이 영속한다는 것과 궤를 같이한다. 제주어는 제주도에 사는 주민이 사용하는 언어이고, 사용 인구가 줄거나 늘 수는 있지만 제주도가 존재하는 한 함께 존속할 것이다.

십여 년 전에 용두암 근처의 한 식당에서 액자에 담긴 제주어 붓글씨 작품을 만났었다. 제주어라서 신기하기도 하고 반갑기도 하여 자세히 들여다보았지만 얼른 무슨 뜻인지 전달이 안 되었다. 핸드폰으로 촬영하여 집으로 가지고 와서 옮겨 적었다. 내용은 '옛 제주인의 일상'이라는 제목 그대로였다. 초등학교 동창 카페에 올렸고 다시 표준어로 의역하여 새 버전을 올렸다. 그제야 동창들이 보고는 멋진 작품이라고 이구동성으로 말하였다. 한 가지 이상한 점은 위 작품에 아래아는 한 글자도 안 들어있었다는 것이다. 일부러 안 적었는지 붓글씨로 쓰기에 불편해서 그랬는지 모르지만 없었다. 아래아로 변환해야 하는 단어들을 일부러 찾아보니 열한 곳에서 아래아가 빠져 있었고, 모두 'ㅗ'로 변환되어 있었다. 결국 이 작품은 세 가지 버전을 가지게 되었다. 아래아 버전, 아래아 없는 버전, 표준어 버전이 그것들이다. 이들을 비교하자면 아래아 버전은 제주어의 모습이 완벽하고, 아래아 없는 버전은 좀 허술한 느낌이 들었다. 가독성은 표준어 버전이 가장 좋다고 할 수 있었고, 다른 두 버전은 가독성은 비슷하였다. 그러나 표기에 있어서는 아래아 없는 버전이 훨씬 편했다.

한글에서 아래아는 왜 퇴출당하였을까? 세종대왕이 공들여 만들었던 소중한 한글 자모였지만 결국에는 한글에서 퇴출당하고 말았다. 한글에서 아래아는 'ㅏ'로 변환되어 남아있다. 제주어에서도 아래아를 퇴출시키면 어떨까 고민해 보았다. 발음은 대화에서 사용되고 있으니 문제가 안 될 것이고, 표기에서만 한글에서 'ㅏ'로 변환되었듯이 제주어에서는 'ㅗ'로 변환하여 사용하면 좋지 않을까 하고 제안해 본다. 그렇다면 현재 제주어에서 아래아의 사용상 문제점은 무엇일까? 우선 뿌리 언어인 표준어에서 자모로 인정받지 못하고 있다. 이 말은 아래아를 사용하여 표기하고 싶어도 원칙적으로 표기가 안 된다는 점이다. SNS 등의 소셜 미디어에서도 제주어의 아래아 사용은 안 되어서 불편하기 짝이 없다. 다른 애로사항은 일부 제주어를 사용하는 사람들이 아래아를 사용해야 할지 또는 'ㅗ'를 사용해야 할지 망설여지게 된다는 것이다. 부지런한 사람은 제주어 사전도 찾아보면서 극복해 나가겠지만 다른 사람들은 제주어 사용을 주저하게 된다는 점이다. 물론 아래아를 존치함으로써 장점도 있다. 한글 고유의 자모인 아래아를 보존하고 있다는 자긍심과 모양 상으로 중세국어가 살아난 것처럼 제주어가 멋지다는 것이다. 그러나 제주어를 활성화하려면 우선 제주어 사용이 편하고 쉬워야 한다. 편리하고 덜 어려운 제주어의 사용을 위하여 아래아 표기를 'ㅗ'로 표기할 수 있게 하는 것도 한 방법이 되지 않을까 생각해 보았다. 제주어를 사용하는 인구가 늘어나고 사랑스러운 제주어를 구사할 수 있도록 가꾸는 일에 도민 모두가 합심하고 노력해야 할 것이다.

제2부

아침을 열며: 추억은 슬프도록 아름답고

조 베기가 한창입니다!

문득 아버지와의 편지가 떠올랐다. 정확하게 언제인지 기억할 수 없지만 어려서부터 내가 한글을 깨우치고 글쓰기를 시작하면서 할머니는 늘 아버지에게 편지를 쓰도록 종용하였다. 편지 쓰는 것이 쉽지는 않았지만 기본적으로 '아버지에게'라고 먼저 쓰고 다음에 계절 인사를 간단하게 쓰고, 학교 잘 다니고 있다는 등 농사가 잘 되었다는 등의 그런 순서로 쓰는 것이 요령이었다.

반면에, 아버지의 답신은 무척이나 단순하였다. 글자는 크고 멋지게 잘 쓰셨지만, 기본적으로는 글자 수가 적었고 간단하다는 느낌이었고, 이런 편지 스타일은 돌아가시기 전까지 그렇게 계속되었던 것 같다. 당시 할머니는 손자를 키우고 있지만 아마도 언젠가는 손자가 부모와 함께 살면서 장남으로서의 위치를 공고히 하기 위해서 미리 유대를 단단히 맺게 해주고 싶으셨던 것 같다. 동생 남매는 일본에서 나고 자라서. 동생들이 학교 다니기 시작하면서 마찬가지로 동생들과도 편지를 주고받았다.

같이 생활하면서 자라지 않아서 깊은 형제간의 우애는 생길 수 없더라도 그래도 일본 땅에 동생 둘이 있고, 한국 땅에 소위 '이나까노 니짱(시골의 형)'이 존재한다는 사실을 서로 깊게 인식하도록 만들었다. 그러한 친밀감을 더욱더 강하게 했던 것이 형제 사이의 외모가 아니었을까 생각한다. 특히 그중에도 눈이 많이 닮았다. 아버지는 코도 크시고 부리부리한 눈매를 가져서 선하고 시원한 인상을 줬지만 어머니는 눈이 작았으며 그래서인지 예쁜 얼굴은 아니었다. 형제들이 모두 어머니의 눈을 닮았고, 남동생과 나는 서로 더 닮아서, 친구들이 놀러 와서 동생 사진을 보고는 내 어린 시절 사진이라고 오해한 적도 여러 번 있었다.

연말이면 동생들에게 신년 카드를 보냈었다. 언제였던가? 아버지가 앞으로 동생들에게 카드를 보낼 때는 반드시 같은 모양의 카드를 보내라고 명령처럼 말씀하였다. 동생 둘이서 서로 자기가 받은 카드가 멋지다고 우기다가 결국에는 싸우고 만다는 것이었다. 그 후로 똑같은 카드를 내용만 다르게 써서 보냈던 기억이 난다. 나로서는 연말에 카드 고르는 고민이 덜어진 셈이기도 했다.

초등학교 5학년쯤 가을철의 일이었던 것 같다. 일본에 어릴 적 헤어진 부모님이 계셔서 할머니께서 늘 편지하라고 하시면 마지못해서 편지를 쓰곤 하였다. 당시는 편지를 쓰는 것이 왜 그리도 싫었는지 모르겠다. 나름대로 끙끙대면서 편지를 쓰고 나서 할머니께 읽어드렸다. "지금은 조 베기 한창이라서 계절이 어쩌고저쩌고." 가만히 듣고 계시던 할머니께서 "대림아, 경 해도 편지를 경 쓰민 안 된다. ᄌᆞ배기가 한창이란 말은 다른 말로 허민 안 되커냐?" 나름대로 멋지게 표현하려 했던 것인데 그만 할머니가 갑자기 이의를 제기하시면서 반대하셨다. 아이쿠, 조 베기가 할머니한테는 ᄌᆞ배기로 들렸던 것이다. 우리 세대도 어려운 시절을 보냈지만, 아버지, 할아버지 세대는 더 어려웠던 시절을 보냈던 것 같다.

편지의 내용은 이미 언급했듯이 계절이 어떻고, 공부는 어떻고, 농사일은 어떻게 진행되고 있다는 것이었고, 중학교로 진학하면서부터 점차 돈에 관한 내용이 추가되었다. 아버지는 금전출납부를 꼭 쓰라고 하여서 사소한 지출이라도 꼭 기록하게 되었다. 내 고등학교 대학교 시절은 일본은 고도성장기라서 아버지가 하시는 식당 영업도 잘되고 수입이 좋아져서 학교 다니면서 돈 걱정은 안 해보았던 것 같다. 그저 돈이 필요하면 얼마가 왜 필요한지 편지로 보냈고 아버지는 군말 없이 돈을 보냈다는 편지로 간결체로 답장하셨다. 나중에 안 사실이지만 당시 식당에는 종업원 구하기가 힘들어서 한창 공부해야할 동생들이 종종 불려 나와서 식당일을 도왔다고 하였다. 돈을 쓰는 사람인 나는 큰 고생없이 편안하게 썼지만, 돈을 버는 일은 어디서든 쉽지 않았던 것 같다. 그 이야기를 듣고는 두 동생들에게 새삼 미안함을 넘어서 죄책감마저 느끼게 되었고, 부모님에게는 더욱 감사하게 되었다.

아버지의 편지는 늘 건조하고 간단하였지만, 내용은 언제나 멋졌다고 생각한다. 계절 인사도 거의 없었고, 바로 본론으로 들어가서 하실 말씀만 정확하게 쓰고는 끝을 맺는 형식이었다. 그럼으로써 아버지로서 체면도 유지하고 강하게 보이고 싶었는지도 모르겠다. 한편으론 현실적으로는 함께 아들과 공유한 시간이 거의 없었기에 다른 사적인 내용 자체가 없었기도 하였다. 어쩌다 만나서 들려준 이야기는 아버지의 군대 시절 이야기, 일본 가족 이야기 그리고 내게 뭐가 필요한지 물어보는 그런 소소한 내용들이었다. 아버지도 돌아가시기 전에는 다소 뚱뚱한 모습이셨지만, 젊은 시절 일본으로 건너가기 직전에는 놀랄 정도로 상당히 말랐었다는 것을 사진을 보고 확인할 수 있었다. 아마도 당시는 고향에는 변변한 일자리도 없었을 뿐만 아니라 먹는 것도 넉넉하지 않아서 살찐 사람을 찾아보기가 쉽지 않았다고 한다. 아버지, 할아버지 세대는 힘든 가운데서도 자식들만큼은 잘 키워보려고 노력했다고 여겨진다. 그래서 'ᄌᆞ배기'로 인하여 서로를 마음 아프게 하는 일은 피하고 싶었던 것은 아닐까 하고 생각해 본다. 지금도 가을철이 되면 가끔 '그 ᄌᆞ배기가 한창'이던 시절이 떠오르고, 항상 손자를 배려해주시던 할머니가 사무치게 그리워진다.

초등학교 은사님에 대한 추억

아마도 초등학교 6학년 때이니 1968년도 2월쯤으로 여겨진다. 그 당시는 겨울이 지금보다 훨씬 더 추웠던 것 같다. 돌아가신 은사님께서 나를 부르시더니 졸업식 날 답사를 하라면서 원고를 주셨다. 손이 튼 친구들이 아주 많았던 때였는데 나도 마찬가지였다. 담임선생님께서 졸업식 날까지 손을 잘 관리해서 보기 싫지 않게 하시라던 말씀도 함께 기억이 난다. 그 당시에는 얼마나 부끄럽게 생각되던지……. "한라산 중턱에 쌓인 흰 눈이 채 녹기도 전에 정든 교정을 떠나야 하는……." 으로 시작되는 졸업식 답사였다. 요즘은 졸업식 날에 거의 사무적으로 치러져 감정이 별로 없어 보이지만 예전엔 많이 달랐던 것 같다. 재학생의 송사에 이은 졸업생 답사, 그리고 작별의 노래와 졸업식 노래가 이어지면서 장내는 숙연해지다가 울음바다가 되어버렸다. 당시에 부모님이 사정상 곁에 있지 못하였던 나로서는 할머님께서 참석하여서 축하해주셨는데 그래도 손자가 앞에 나가서 상도 받고 답사도 읽고 하여 일견 흐뭇해 하셨을 것이라 생각해본다. 5학년과 6학년 때 은사님께서 2년 연속으로 담임을 맡아주셨다. 그때는 중학교 입시가 있어서 공부를 많이 시켰다. 지금도 그렇지만 공부하기 싫어하는 애들을 붙잡아서 학교에서 공부를 하게 했었는데 은사님의 열정 덕분에 많은 친구들이 여기저기 중학교에 진학하였고 지금도 그 친구들과 만나서 즐거운 마음으로 지난 시간을 이야기하곤 한다. 당시는 제주시내 동 · 서 · 남 · 북 초등학교를 빼고는 모두 시골학교라고 취급받던 따라서 중학교에 진학하니, 완전 촌놈이라는 것을 스스로 절감하였다. 입학할 때는 소위 장학생으로 입학하였지만 점차 뒤쳐지는 공부는 어쩔 도리가 없었다. 같이 졸업한 초등학교 동창들과만 자주 만나고 학교생활에 적응하기가 쉽지 않았다. 그래도 초등학교 시절에 노력해주신 은사님이 안 계셨더라면 그나마 더 힘든 중학교 시절을 보내지 않았을까 하고 생각해본다.

그 후로 한참의 세월이 흘러서 우연치 않게 서귀포에서 병원 개원을 하게 되고, 마침 근처 초등학교에서 교감을 하고 계셨던 은사님을 자주 만나볼 수 있는 기회가 되었다. 제주시내 모 초등학교에 재직 중이실때 나의 딸애가 그 학교를 다니게 되어서 담임으로는 아니지만 2대에 걸처 은사님이 된 인연도 있다. 초등학교 시절에 하시던 말씀이 생각이 난다. 대학교 동창이 찾아오면 곤밥(쌀밥)을 대접해야 하고, 중고등학교 동창은 곤쌀 섞은 밥을, 그렇지만 초등학교 동창은 그냥 먹던 보리밥을 대접해도 흉이 안 된다고 하셨다. 서귀포 재직 시절에는 스승의 날에는 늘 찾아가서 축하드린다고 말씀은 드렸지만 여러 동창들이 함께 찾아뵙지 못 했던 것이 내내 아쉬웠다. 한번은 양주를 한 병 선물로 드렸더니 같은 학교 선생님들과 제자 자랑도 겸해서 한잔씩 돌렸다는 말을 듣고는 기분이 좋았었는데, 이제는 스승의 날이 나에겐 의미가 없는 날이 되어버린 것 같아서 섭섭한 마음이다. 초등학교 졸업생 모임에는 늘 참석하셔서 좋은 말씀과 여러 가지 지난 이야기를 들려주셨는데 어느 날 갑자기 발견된 폐암이 많이 진행되어 버리는 바람에 일찍 돌아가 버리셔서 이제는 만나 뵈려고 하여도 못하니 가슴이 아플 뿐이다.

이제 초등학교를 졸업한 지도 어언 35년이 다 되었다.

바쁜 일상 속에서도 시간은 쉼 없이 흘러만 간다. 사람과 사람이 만나는 인연이 소중하듯 우리 동창들과 은사님과의 만남은, 어떤 전생의 인연이라도 있는 듯 중요한 시절에 2년간이나 담임을 맡아 주셨다. 우리에겐 엄청난 행운이었다고 생각한다. 한번 스쳐 지나가면 모든 것이 과거로 흘러가고, 기억이나 추억이라는 이름으로 잠시 우리의 뇌리에 저장되었다가 조금씩 손가락 사이로 빠져 나가는 모래처럼 사라져 가고 마지막에는 아무 것도 안남을 지도 모른다. 그렇기에 더욱 더 우리가 숨 쉬고 살아있는 동안 우리와 같은 아름다운 추억들을 공유하는 벗들과 남겨진 시간동안, 만나서 지난 일들을 즐겁게 되새기고 싶다. 우리들과 정해진 시간동안 만났고 소중하고 귀한 추억을 남기고 떠나 버리신 선생님의 명복을 빌며 사모님과 가족들에게도 늦게나마 감사의 말씀을 전하고 싶다. 또한 이 자리를 빌어서, 우리의 모임을 든든하게 하여 주시는 울타리로서의 후견인 역할을 맡아 애써주시는 초등학교 총동창회 회장님 이하 임원 여러분에게 감사와 사랑의 말씀을 전하며, 총동창회의 무궁한 발전이 있기를 진심으로 바란다.

스승의 날에 생각나는 은사님

잔인했던 사월과는 달리 오월은 어린이날을 비롯하여 어버이날, 스승의 날들이 있어서 우리의 마음을 포근하고 풍요롭게 한다. 이맘때면 초등학교 시절 은사님을 늘 떠올린다. 이제는 은사님께서 고인이 돼버리셔서, 스승의 날도 필자에겐 의미가 없는 날이 되어버린 것 같아서 섭섭하다. 아마도 초등학교 6학년 때였고 이월쯤으로 생각된다. 그 당시는 겨울이 지금보다 한참 더 추웠던 것 같다. 담임이셨던 돌아가신 은사님께서 저를 부르시더니 졸업식 날 답사를 하라면서 원고를 주셨다. "한라산 중턱에 쌓인 흰 눈이 채 녹기도 전에 정든 교정을 떠나야 하는……." 으로 시작되는 답사였다. 밝고 가볍게 치러져 감정이입이 별로 없는 요즘의 졸업식과는 많이 달랐던 것 같다. 재학생의 송사에 이은 졸업생 답사, 그리고 작별의 노래와 졸업식 노래가 이어지면서 장내는 숙연해지다가 마침내 울음바다가 되어버렸다. 마침 할머님께서 참석하여서 축하해 주셨는데 그래도 앞에 나가서 우등상장도 받고 답사도 읽고 하여 그나마 흐뭇해 하셨을 것이라 추억해본다. 초등학교 시절에 은사님께서 하셨던 말씀이 생각이 난다. 대학교 동창이 찾아오면 쌀밥을 대접해야 하고, 중고등학교 동창은 흰쌀 섞은 밥을, 그렇지만 초등학교 동창은 그냥 먹던 보리밥을 대접해도 흉이 안 된다고 하셨다. 5학년과 6학년 두 해에 걸쳐 은사님께서 담임을 맡아주셨고, 당시는 중학교 입시가 있어서 공부를 많이 시켰던 것 같다. 공부하기 싫어하는 애들을 학교에 붙들어서 공부를 시켰었는데 애써주신 은사님

덕분에 많은 친구들이 여기저기 중학교에 진학할 수 있었다.

그 후로 한참의 세월이 흘러서 우연치 않게 필자가 서귀포에 개원을 하게 되고, 마침 토평초등학교에서 교감을 맡고 계셨던 은사님을 자주 만나볼 수 있는 기회가 되었다. 서귀포 재직 시절에는 스승의 날에는 언제나 찾아가서 축하드린다고 말씀은 드렸지만 여러 동창들이 함께 못 갔던 것이 내내 아쉬웠다. 그렇지만 초등학교 동창모임에는 항상 참석하셔서 좋은 말씀과 여러 가지 지난 이야기를 들려주셨는데, 어느 날 갑자기 발견된 암이 많이 진행되어 버리는 바람에 일찍 돌아가 버리셔서 이제는 만나 뵈려고 하여도 못하니 가슴만 아플 뿐이다.

이제 초등학교를 졸업한 지도 어언 오십 년이 다 되어간다. 바쁜 일상 속에서도 시간은 쉼 없이 흘러만 간다. 사람과 사람이 만나는 인연이 소중하듯 우리 동창들과 선생님과의 만남은, 어떤 전생의 인연이라도 있는 듯 중요한 시절에 이년간이나 담임을 맡아 주셔서 우리에겐 엄청난 행운이었다고 생각한다. 한번 스쳐 지나가면 모든 것이 과거로 흘러가고, 기억이나 추억이라는 이름으로 잠시 우리의 뇌리에 저장되었다가 조금씩 손가락 사이로 빠져 나가는 모래알처럼 결국에는 사라져 버리게 된다. 그렇기에 더욱 더 우리가 숨 쉬고 살아있는 동안 우리와 같은 아름다운 추억들을 공유하는 벗들과 남겨진 시간 동안, 만나서 지난 일들을 즐겁게 되새기고 싶다. 우리들과 정해진 시간동안 만났고 소중하고 귀한 추억을 남기고 떠나신 은사님의 명복을 빈다.

앨범 사진의 추억

여기저기 이사를 다니다 보니 집에 보관해두었던 앨범이 더러 소실되었다. 가끔은 앨범이 필요할 때가 있었지만 달리 방도가 없었는데 일본에 살고계신 어머님 집을 방문하였을 때 어머님께서 앨범 몇 권을 건네주셨다. 까맣게 잊고 있던 추억의 콘텐츠를 깜짝 선물로 받은 것과 다르지 않아 무척이나 기뻤다. 대학 입학 때 합격자 발표 날에 대학교를 둘러보며 아버지와 둘이서 찍었던 장면과 발표장인 대운동장에서의 흥분되었던 순간들이 어제 일처럼 다시 살아났다. 그리고 눈에 들어왔던 것은 앨범 뒤쪽에 구멍을 내서 정성스럽게 철해둔 한 장의 내 사진전 팸플릿이었다. 다시 들여다보니 1979년 1월이었고, 아마도 의대 본과 2년을 마친 겨울방학에 고향에 내려와서 작품 전시회를 가져서 초대한다는 내용의 A4 한 장짜리를 접어서 만든 것이었다. 제목은 '제1회 S 사진전'으로 되어 있었다. 잠시 더 생각을 더듬으니 디자인은 당시 미대생이던 내 친한 대학 동창의 여자 친구가 그려주었고, 사진 작품들은 나름 의대 사진반에 들어가 찍은 것들이었다. 전시회를 연다는 것이 비용 때문에 부모님께 죄송하다고 여겼었지만, 돈이 거의 안 드는 다방에서 하는 전시회라 과감하게 시도하였었다. 세월이 흘러서 나는 다 잊어버렸는데 정작 일본에 사시는 아버지는 그것을 앨범에 끼워 넣어 보관함으로써 일종의 기억 저장 장치에 보관해 둔 것이고, 그렇다면 아버지는 내 전시회가 마음에 들었다는 간접증거가 아니겠냐고도 억지로 좋게 생각하게도 하였다. 물론 단순히 아들이 보내준

팸플릿이라서 정성스럽게 보관했을 수도 있겠지만 말이다.

대학 시절 사진반 활동을 하면서 사진 작업의 기본은 사진을 촬영하고, 암실작업을 통해서 필름을 인화(development)한 다음, 확대기로 사진을 확대(enlargement)하고는 현상(printing)한다는 것이었다. 그래서 사진을 찍어온 다음 암실에 들어가서 사진 현상을 할때 흰색 화면에 검은색 사진 음영이 서서히 나타나는 것도 대단히 신기하였다. 그러다가 디지털카메라가 등장하면서 사진 촬영이 너무나 쉬워졌고 필름이 안 들어가니 사진 촬영이 신중해지지 못하고 남발하게 되었다. 불량 작품은 그저 삭제하면 그만이었고, 비싼 필름 비용이 안 들어서 함부로 찍는 일도 많아진 것이다. 그렇지만 그 이전에는 잘 된 사진은 골라서 사진가게(DPE점)에 가서 현상하고는 앨범에 남기곤 하였다. 흔해지면 소중함도 같이 줄어드는 건지 사진에 대한 열정이 시들해지고 보관도 대충하게 되었다. 영상이 컴퓨터에 보관되어 있어서 언제든지 필요하면 꺼내 볼 수 있는 편리함은 있지만 콘텐츠가 많다 보니 그 작업마저도 소홀해져 버렸다. 그러다가 컴퓨터가 고장이 나거나 오작동으로 한꺼번에 기록이 없어지면 그것으로 끝이 되어버리는 일이 흔해졌고 과거로 치면 사진 앨범 몇 권이 한꺼번에 날아가 버리는 안타까운 결과를 초래하게 된다. 이런 부작용들은 사진이 흔해짐으로써 발생한 결과라고 여겨진다. 물질이 흔해지면 그 가치가 낮아지고 그래서 소홀히 대함으로써 발생하게 되는 것이 아닐까 한다.

더욱이 요즈음은 스마트폰의 카메라 기능이 좋아져서 과거에 일반 사진기나 디지털카메라를 능가하고 있다. 사진 작업이 엄청나게 편해진 것은 사실이다. 호주머니에 스마트폰을 가지고 다니다가 마음에 드는 풍경이나 장소가 있으면 그냥 구도를 잡고 찰칵한 다음 컴퓨터에 연결하면 바로 영상이 올라오고 필요한 장면만 남기고 나머지는 지우고 보관하면 된다. 날짜별로 잘 정리까지 되어서 언제든 불러올 수 있게 되었다. 이런 좋은 점에도 불구하고 단점도 있다. 저장된 사진의 양이 방대하여 자신의 머릿속에 기억되지 않은 사진은 쉽게 잊어버리고 활용하지 못하는 점도 있는가 하면 기억되는 사진이 있어도 따로 자료가 없으면 일일이 뒤져보아야 하는 문제점도 있다. 아이러니컬하게도 과거와 달리 사진 촬영이 흔해지다 보니 사진 촬영조차도 덜 하게 된다는 점이다. 언제든 찍을 수 있다는 자만심과 너무 자주 찍어서 흔하다는 생각이 겹치면서 생겨난 결과일 것이다.

IT산업이 급속하게 발전하면서 새로 뜨는 직업도 생기고 소멸하는 직업도 생겨났다. 소멸하는 직업 중 하나가 사진점이라고 생각한다. 직업을 담당하던 사람들도 전업해야 하는 실질적인 문제도 생기지만 길거리에서 사진점이 사라지는 점이 과거의 앨범문화를 누렸던 나로서는 섭섭하기 그지없다. 돌아가려고 해도 돌이킬 수 없는 시대적인 추세여서 마음만 동동 구를 뿐이다. 그래서인지 전에는 길거리에서 사진 가게를 흔히 볼 수 있었지만, 요즘에는 찾아보기가 힘들어졌다. 아마도 사진 인화에 대한 수요가 현저히 줄었기 때문일 것이다. 과거에는 사진을 찍고 찍히는 것조차도 설렜었고 사진가게에 맡기고 난 후에는 어떻게 인화되어 나올 것인지 궁금하였고, 그 인화된 사진은 정성스럽게 앨범에다 한 장 한 장 끼워 넣으면서 흐뭇한 기분이 들기도 하였었다.

사람의 기억이라는 것은 상당히 제한적이다. 처음에는 사실을 생생하게 기억하지만, 어느 정도 시간이 지나면 그 기억이 점차 희미해지게 된다. 그나마 사진으로 찍어서 앨범에 남겨두면 상당히 오랜 기간을 기억을 저장할 수도 있다. 그렇지만 사진에 관련된 사람들이 앨범 자체를 분실하거나 본인이 사망해버리면 역시 무용지물이 되어버리는 안타까운 일도 생기게 마련이다. 새롭게 등장한 스마트폰 촬영 시대 역시 마찬가지기는 해도, 아직은 과도기라서 어떻게 정착될지는 현재로선 알 수 없지만, 추억도 대용량으로 저장하면서도 쉽게 추억을 불러올 수 있는 시스템으로 가지 않을까 하고 긍정적으로 기대해 본다.

그리운 내 고교 4학년 시절

고등학교 4학년 시절 이야기를 쓰려고 하니 중학교 이야기를 안 할 수가 없다. 오현중학교와 오현고등학교는 어쩌면 초등학교처럼 6년제인 오현학원에 다녔던 게 아닌가 하는 착각이 들 정도로, 실제로 한 울타리 안에서 같이 수학하였기 때문이다. '흰죽 먹고 물똥 갈기는……' 이라는 놀림으로 오중 물아기(젖먹이)라고 했었는데, 아마도 애들이 앳되게 보여서 그랬던 것 같다.

초등학교 시절에는 이 ○○, 김 ○○ 등과 함께 도리초등학교에서는 학업 성적으로는 상위권을 유지하는 편이었다. 당시는 중학교 입학시험이 있었고, 또한 중학 입학실적이 초등학교 졸업반 담임선생님들에게는 고과에 중요하게 반영되던 시절이었다. 나는 숙부님들이 거의 다 오현 중·고를 졸업하였으니 당연히 중학교는 오현중이라고 이미 기정사실처럼되어 있었다. 담임선생님께서는 중앙중학교가 개교하고 얼마 안 되어서 수월하게 장학생이 된다고 추천하였지만 나는 소신 있게 오현중을 선택하였고 당당히 장학생으로 합격을 하였다. 그때 오현고에 다니던 막내 숙부님이 호남당 빵집에서 축하한다고 빵을 사주셔서 맛있게 먹었던 기억을 아직도 간직하고 있다.

중학교에 입학하고 나니 모든 것이 스트레스였다. 도무지 성안(城安) 생활에 적응을 못 하였다. 수업도 따라가기 힘들었다. 그래도 기본이 있는지라 성적이 엄청나게 떨어지지는 않았지만 최상위권에는 늘 다가갈 수가 없었다. 결국은 같은 찌질한 친구들인 김 ○○, 강 ○○,

강 ○○ 등과 많이 어울려 다녔고, 성안 친구로는 고 ○○, 한 ○○, 강 ○○ 등과 친하게 지냈던 것 같다. 더욱이 고등학교 진학이 동일계 무시험이어서 그야말로 놀기에는 좋았던 것 같다. 논 것은 좋았지만 그 때문에 학력은 많이 떨어졌을 것으로 생각한다. 중학 시절에 특히 기억나는 것은 당시 나는 너무나 숫기가 없어서 어디 가서 국수 한 그릇을 떳떳하게 사서 먹지 못하였다는 것이다. 주머니에 돈은 있어도 다른 사람들이 어떻게 생각할까 걱정하고는 결국 실행하지 못하였다. 중학교 때 경주로 수학여행을 갔었는데 그때는 할아버지께서 주신 돈으로 생활하던 때라 여행 경비를 낼 수가 없다고 하여 수학여행을 포기하였던 일은 지금도 슬픈 기억으로 남아있다. 당시에 숙부님 댁이 시내에 있어서 점심은 걸어가서 먹고는 하였는데 시골 음식보다 맛있어서 늘 점심시간이 기다려지곤 하였다. 어느 날엔가는 4교시 마치고 갔어야 했는데 착각하여 3교시를 마치고 가서 점심 먹고 와보니 수업 중이어서 황당하였던 일도 있었다.

동일계 무시험으로 편하게 고등학교에 진학하였고, 같은 중학교 출신 친구들이 많이 올라와서 오히려 심적으로는 편안해졌다. 당시 친하였던 친구들이 지금도 친하게 지내고 있는 열한 명의 친구들이다. 열거하면 고 ○○, 고 ○○, 안 ○○, 장 ○○, 양 ○○, 강 ○○, 문 ○○, 나, 현 ○○, 양 ○○, 김 ○○이다(나중에 거의 다 재수하여 대학에 들어갔음). 대학 입학에 대한 중압감 때문에 마음 편하게 지냈던 기억은 없고, 당시 오현단에서 고 ○○이, 김 ○○하고 싸움이 붙었던 기억이 있는데 왜 싸웠는지는 지금도 모르겠다. 고2 당시 황 ○○선생님이 담임이었는데 인자하신 용모며, 조용히 조리 있게 상업 과목을 강의하던 일이 인상에 남아있다. 또, 고2 때 화북으로 학교가 이전하였는데 초창기라 운동장도 정리가 안 되었었고, 새 건물이어서 페인트

냄새가 많이 났었다. 뒷산인 별도봉에는 나무가 별로 없어서 식목일에는 나무 심으러 몇 번인가 갔었는데, 지금은 그 나무들도 많이 자라서 숲을 이루고 있다. 이전하면서 통학버스가 새롭게 등장하여 버스 타고 등교하였던 일, 밤늦게 공부하면서 간식으로 주로 라면땅을 많이 먹었던 일, 구내식당에서 국수를 사서 먹었던 일 등이 지금은 추억이 되어 버렸다.

나 자신에게 운명의 날이 다가왔다. 일본에 사시던 부모님께서 가족이 뭉쳐서 살수 있도록 나에게 일본으로 건너오라고 하셨다. 당시로는 일본과 국교가 정상화되지 않아서 다른 방법이 없었기에 밀항을 시도하게 되었다. 밀항한다는 것이 쉬운 일이 아닐뿐더러 불법적이어서 정보에 민감할 수밖에 없었다. 대부분은 한 번에 성공하는 것은 드물었고 여러 번의 시도 끝에 이루어지는 것이었다. 이런 목적으로 고2 말부터 주로 부산의 영도를 중심으로 들락거리기 시작하였고, 학교에는 무단결석이 점차 늘어가기 시작하였다. 다음 해 4월에 완도에서 출발하여 후쿠오카의 하카타항으로 가는 활어선을 타서 밀항을 실행하였다. 일본 해안에 도착하기 전까지는 상당히 자유로웠다.

하지만 해안에 가까워지자 기름을 담던 용도로 쓰였던 철판으로 된 통 안에 나를 포함한 밀항자 세 명을 쑤셔 넣는 것이었다. 그 안은 고개도 못 돌릴 정도로 비좁고 무더워서 몇 시간 지나자 도저히 견딜 수가 없었다. 선원을 불러서 나를 밖으로 꺼내달라고 애원하여, 하는 수 없이 기름통 밖으로 나와서 배의 밑바닥에 숨었다. 항구에 도착하니 세관원들이 수색을 시작하였고 나는 붙잡히게 되었다. 당시 나는 미성년이어서 출입국관리소에 두 달여 간 붙들려 있다가 일주일 일본 체류 허가를 조건으로 강제로 송환되도록 정해졌었다.

한편 한국에서는 무단 장기 결석이 계속되니 김 ○○ 담임선생님과

실장이었던 고 ○○이 하숙집으로 찾아와서 자퇴를 권유하여 결국 자퇴 처리가 되었다. 당시 번화한 하카타 항구를 내려다보면서 저렇게 큰 배를 타보고 싶다는 생각이 각인되어서 차후 해양대학 진학을 꿈꾸게 되었다. 또한 일본어를 공부해야 하겠다는 계기가 만들어져서 지금도 공부하는 중이다. 관리소에 있던 두 달여 동안 거기의 직원 중 한 분이 바둑을 두는 분이 있어서 같이 바둑도 두게 되고 바둑책도 가져다주어서 바둑에 대한 취미 또한 갖게 되었다.

여기서 인생이라 묘한 것이란 생각이 얼핏 들었다. 만약 내가 밀항에 성공하였다면 내 인생은 어쨌을까 하는 것이다. 비록 물거품이 되버렸지만, 솔직히 당시 밀항 성공에 대한 기대와 차후 나름의 계획이 머릿속에 가득하였었다. 공식적인 일주일간의 꿈같은 일본 가족과 만남의 시간을 뒤로 하고 송환되니 당장에 닥친 일이 복학하는 일이었다. 학교에서는 당시 수업 공백이 많았고, 무엇보다도 중앙정보부에서 조사 왔었다는 것을 주된 이유로 해서 나의 복학을 거절하였다. 하는 수 없이 도내 다른 고등학교 몇 군데를 알아보았는데, 당시 실업계 고교에 대한 개념이 뚜렷하지 않았던 나는 제주 상고를 지망하였고, 그나마 2학년으로 가을 학기부터 다니게 되었다. 교복을 다시 입을 수 있다는 것만으로도 당시로서는 상당히 기뻤던 것은 더 말할 나위가 없다.

인문계 고등학교에서 다니다 한 학년 아래의 실업계 교과목을 공부하는 것 때문에 어떤 과목은 너무나 쉬웠지만, 또한 생소한 새로운 과목들도 있었다. 안 그래도 한 학년 내려앉았는데 더 이상 지체할 수 없다는 절박감으로 열심히 공부하게 하였다. 상고 3학년 진급을 위해서는 부기 3급과 주산 4급이 필수였기 때문에 일부러 주산 부기 학원까지 다녔을 정도였다. 전학 입학할 당시 상고 담임선생님께서는 나를 부르시어 출결 상황을 보면서 '고2 때부터 서서히 농땡이 치기 시작하더니 숫제 3학년에는 학교를 안 나갔네. 앞으로 반 애들과 무슨 문제가 발생하면 가차 없이 잘라 버릴 거야.' 하고 엄포를 놓았다. 내심 할 말은 많았지만 그렇게 하겠노라고 힘없이 대답할 수밖엔 없었다. 그때는 한 달마다 시험을 치러서 성적을 발표하여 상위 5명을 운동장에서 시상하였는데, 전학 첫 달인 9월 말에 5등을 하여 졸지에 불려 나가서 상을 받았었다.

그리고 동급생들과의 분위기는 너무나 좋았었다. 아마도 대학 입시에 대한 스트레스가 적은 것이 큰 이유였다고 생각하고 있다. 쉬는 시간마다 노래자랑하고 방과 후에는 먹기 내기와 축구를 하는 등 인문계 고등학교에서는 상상도 못 할 일이었다. 한번은 개교기념일에 마라톤 대회가 열렸었는데, 아무도 출전 신청을 안 해서 졸지에 내가 반 대표로 총대를 메고 완주하였는데, 골인 선에 참가 기념 볼펜 나누어주는 학생 혼자 남았었던 일이 지금 생각하면 우습기조차 하다. 당시 같은 반 애들과는 몇 명이 지금도 연락하며 만나고 있다.

학년말이 되니 다시 담임선생님께 불려갔다. 내가 종합성적 일등으로 수상하여야 하는데 나는 한 학기만을 다녀서 일등상을 줄 수 없으니 양해 바란다는 내용이었다. 물론 노력을 많이 하긴 했지만, 시험성적이 정상에 올라가니 오히려 허무해지고 대학 입학에 대하여, 과연 제대로 된 대학을 갈 수 있을까 하고 불안해지기 시작했다. 그해 겨울 김 ○○ 은사님을 다시 찾아서 사정 말씀을 드리고 선처를 부탁드렸다. 의외의 대답을 하셨다. 편입 시험을 보면 어떻겠냐고 하시는 것이었다. 편입 시험이라는 것도 있다고 생각하면서 겨울방학 기간에 편입 지망생 여러 명과 한 반에 모여서 시험을 보았는데, 수학 김 ○○ 선생님과 국어 김 ○○ 선생님이 낸 문제라는 것을 금방 알아차릴 수 있었다. 일반적인 당시의 규정에 따라 캐비닛 두 개를 사서 기증하자 비로소 화려한 내 오현고 4학년 시대가 시작되었다.

당시는 졸업반은 우열반 편성을 하였는데 같은 반 4학년생은 나 혼자가 아니었다. 쟁쟁한 올드 보이들이 같은 우수반인 A반에 있어서 반가웠다. 나를 포함하여, 진 ○○, 장 ○○, 문 ○○, 김 ○○, 김 ○○, 김 ○○ 등이 있어서 정말 4학년이란 기분이 들었다. 언젠가 4학년 벗들과 같이 삼성혈에 가서 사진을 찍었던 기억도 난다.

진학 목표 학교를 해양대학교로 정하고 열심히 공부하였다. 편입하고 처음 시험을 보았는데 전교 9등이라는 석차가 나왔다. 이후 그야말로 원도 없이 열심히 공부했던 것 같다. 졸업이 가까워지자 진학 진로를 선택하는 데 문제가 발생하였다. 아버지가 해양대학 진학을 반대하는 것이었다. 마도로스라는 직업상 가정이 불안하니 가정이 안정적인 의대를 시험을 보라는 것이었다. 고민 끝에 기출문제들을 풀어보고는 가톨릭의대를 시험 본다고 하니 다시 반대하셨다. 명칭이 종교학교이고 일본에서 안 알려졌다는 것이 이유로서 고려대나 연세대로 정하라는 것이었고, 결국 고려대로 정하였고, 운 좋게 합격하여 의사의 길을 걷게 되었다.

중 · 고등학교 시절은 사춘기를 포함하고 있어서 여러모로 인격도 성숙하지 못하였고 정서적으로 불안한 시절임이 틀림없다. 그 시절에 고락을 같이하였던 그 친구들을 만나는 것마저도 운명인 듯싶었고, 어쩌면 친구가 세상 전부라고 생각하기도 하였었다. 당시는 젊은 혈기에 우리 나름대로 판단하고 결정하면서 살아온 것이 오늘에 이른 것이다.

고등학교를 졸업한 지도 어언 30년, 언제나 그랬듯 세월은 우리를 기다려주지 않는다. 차차 나이를 먹어가면서 기억력도 쇠잔해질 것이며, 몇십 년 후에는 기억하는 것조차도 귀찮아질는지도 모른다. 지금 기억 속에 남아있는 추억의 조각들을 주워 담아 여기에 남겨두고자 한다. 다시는 돌아오지 않는 그 시절을 추억이란 이름으로 되새기면서 앞으로도 예전의 친구들과 즐겁게 지내는 것이 소박한 꿈이라면 꿈이다. 젊은 시절에는 희망을 먹고 살지만 나이 들면 추억을 먹고 산다고 하였던 것처럼, 어쩌면 고교졸업 30년이면서 인생 반세기를 지나는 이 시점이야말로 그 교차점이 아닐까 생각해 본다.

길 위를 걸으면서

아침부터 부지런을 떨면서 집을 나서서 걷기 운동을 위해 고근산으로 향한다. 마침 구름이 많이 껴서 춥거나 덥지도 않고 바람마저 솔솔 불어 걸음걸이가 한결 가볍게 느껴진다. 웃자란 오솔길의 풀들은 얼마 전에 짧게 잘려서 시원스럽다. 산길을 걷노라니 '길'에 대한 여러 생각들이 밀물처럼 솟아올랐다.

대학 입시 때 '길'이라는 제목으로 수필을 쓰라는 문제가 나왔었다. 그 당시 길지 않았던 인생에 대한 경험과 아직 걷지 않은 길에 대한 기대감으로 충만한 내용의 글을 마구 써댔었다. 그 덕분인지 그 대학교에 합격하여 또 하나의 새로운 길을 걷고 있는 지도 모르겠다. 또 '길' 하면 교과서에서 배운 프로스트의 '가지 않는 길'이라는 시가 언뜻 떠오른다. 미련이 남는 안타까운 길의 선택을 포기해야 하는 것이 우리를 슬프게도 하며, 심지어는 우리의 일생을 바꾸기조차 한다. 최희준의 유행가 '길'은 한 평생을 살아온 한 남자가 담담하게 살아온 자신의 길을 돌아보는 여유로운 길이고, 한 동안 텔레비전 연속극 주제가로 인기리에 불렸던 기억이 난다. 안소니 퀸이 주인공을 맡아 열연했던 영화 '라스트라다(길)'는 영화 못지않게 배경음악이 유명하였다. 그 당시의 힘들게 삶을 영위하는 여러 장면들이 음악과 함께 주마등처럼 스친다. 해변의 모래를 움켜쥔 채 누워서 울고 있는 불행한 주인공 참파노의 모습을 비추면서 서서히 멀어져가는 마지막 장면이 무척이나 인상적이었다. 미소라 히바리의 '흐르는 강물처럼'이라는 서정적인 엔

카가 있다. 산다는 것은 여행하는 것과 같고, 울퉁불퉁한 험한 길을 지도조차 없이 살아온 고단한 인생길이었으며, 사랑하는 이의 품에 내 한 몸을 맡기고 싶다는 대목에서는 사뭇 감동적이다.

인간은 늘 길 위에서 서성인다고 한다. 수많은 선택의 기로에서 어느 쪽인가를 판단하여 선택하여야 하는 한편으로는 즐겁기도 하겠지만 달리 보면 괴롭기도 하다. 인생의 과정을 일렬로 늘어놓는다면 굴곡져서 가녀린 부분도, 직선적인 탄탄대로도 있을 것이다. 한 개의 점에서 출발하여 한 개의 점으로 마감한다는 점만은 누구에게나 공통적일 것이라 여겨진다. 인생의 곡선이 각기 다른 것처럼 결국에는 우리의 삶이란 수많은 길들이 서로 얽히고설키면서 만들어지게 되는 셈이다. 한 인간이 걸어온 자기 일생의 길을 어떻게 평가하고 어떻게 해석할 지는 아무런 기준은 없는 것이다. 지구라는 같은 공간에 평생을 살면서도 아무런 관련이 없는 곡선들도 많을 것이다. 그렇지만 자신의 삶과 닿은 좋은 인연의 선들을 돌보고 배려하면서 살아갈 수 있다면 그보다 더 좋을 일은 없을 것이다. 인간의 활동 영역이 아무리 넓다 해도 직접 마주하고 부딪히며 살아가는 사람의 숫자는 그다지 많지 않기 때문이다. 인생이란 길을 걸으면서 늘 사색하고 자신의 삶을 가끔씩 돌아보고, 이웃과 함께 삶의 기쁨, 즐거움과 슬픔을 공유하는 것이야말로 우리가 추구해야할 가치 있는 일이 아닐까 생각해 본다.

벌초 가는 길

날씨가 서늘해지고 추석이 다가오면 문중 공동 행사인 벌초가 시작된다. 추석을 앞둔 일, 이주전의 일요일 하루를 정하여 육촌 형제들과 같이 가족 묘지에 집결하여 증조부모 벌초를 하고 묘제를 지낸다. 이어서 조부모, 부친, 숙부 묘소의 개인 벌초를 한다. 오랫동안 지켜져 온 행사이기에 육촌들도 하루, 그 중 오전 몇 시간을 할애하여 기꺼이 참가한다. 벌초 후에는 시내로 내려와서 아침 식사를 함께 하고 헤어지는 것이 고정순서로 되어 있다.

벌초 날을 며칠 앞두고 육촌 형님 한 분의 전화가 왔다. 올해는 몸이 불편하여 벌초에 참석 못하니 양해해달라는 내용이었다. 이제 벌초 행사에서 은퇴할 연령도 되었으니 염려 마시고 편안히 지내시라며 전화를 끊었다. 그 형님은 우리 항렬에서 제일 손위이고 나보다 아홉 살 연상이니 칠십 중반의 나이다. 얼마 안 있으면 나도 그 반열에 오른다 생각하니 형님의 처지가 남의 일 같지 않았다.

아버지께서 돌아가신 해가 기억이 난다. 지금부터 무려 33년 전 가을의 일이 된다. 내가 새로 개업을 하고 이듬해 아버지께서 고향인 제주를 방문하려고 준비하던 중에 갑자기 사망하셨다. 객지에서 돌아가셔서 고향마을 밖 하천 부근 초지에 천막을 치고 일본에서 생장으로 실려 온 시신을 모셨다가 지금의 가족 묘지로 옮겨서 매장하였다. 지금은 도로가 모두 포장이 되었지만, 당시는 마을 경계를 벗어나면서부터 바로 비포장도로였다. 그래서 포장도로까지만 자동차로 시신을 운

구하고 비포장도로에서는 상여를 메고 이어서 이동하였다. 비포장이긴 하나 그런대로 불편하지는 않았지만, 승용차 한 대가 겨우 지날 정도로 도로가 좁아서 당시 상여꾼들이 고생이 많았었다. 지금은 모두 시멘트 포장된 상태이지만 좁기는 여전하여서 벌초를 마치고 내려올 때면 승용차들이 교행 하느라 시간이 어지간히 소요된다.

아버지 묘소 옆 자리는 어머니 묏자리라고 비워두고 있다. 언젠가 어머니도 돌아가시고 아버지 곁에 나란히 안장되게 미리 배려한 것이었다. 그런데 어느 날 어머니는 자신이 죽으면 일본에 묻혀서 일본 동생들을 지켜주고 싶다고 말씀하신다. 아버지는 이미 한국에 돌아와서 묻혀버려서 어머니가 돌아가시면 일본에는 남아있는 동생들이 심정적으로 의지할 곳이 없다는 이유였다. 본인의 의사가 확실하면 그렇게 하겠다고 안심시켜놓고도 망설여진다. 죽어서 부부가 따로 묻히는 것도 그렇고, 일본에서의 어머니 묘소 관리는 어떻게 할 것인지가 숙제가 되었다. 지금은 자주 만나니까 그런 감정적인 생각이 앞설지 모르지만 시간이 좀 지나서도 동생들이 그렇게 어머니 묘소를 지속적으로 관리할까 그리고 비용도 적잖이 들 텐데 하고 걱정이 앞선다. 그래서 좀 더 기다려 보기로 했다. 다시 설득해보고 마음이 바뀔 수도 있을 테니까 말이다.

아버지 형제들을 생각한다. 모두 칠형제이고, 이 중 위에서 네 분은 이미 돌아가셨고 그 아래 세 분만 생존해 계신다. 남은 숙부님들중 두 분은 팔십대이신데 몸이 불편하시고, 칠십대인 한 분은 건강하신 편이다. 가족묘지는 아버지 돌아가시던 해만해도 넓은 부분이 비어있었지만 지금은 칠십 퍼센트 정도가 채워졌다. 30여 년의 기간 동안 일가친척들이 여럿 돌아가신 것이다. 그 중에는 나보다 손위의 친척이 대부분이었지만 손아래 친척도 더러 있었다. 출생은 순서가 있어도 사망은 순서가 없다는 말이 실감난다.

요즘의 벌초작업은 가족묘지에 오랫동안 흩어져 있던 선조 묘소들이 모여지고, 길도 포장이 되어서 산뜻하고 참석자들 거의 다 승용차를 가지고 있기도 하고, 성능 좋은 예초기들이 있어서 아주 편한 일이 되었다. 기술적인 발전 덕분에 벌초하러 묘소를 찾아다니던 시간과 노력이 대폭 줄어들었다. 이런 문명의 혜택과는 반대로 젊은 후손들의 참여는 눈에 띄게 줄었다. 비단 벌초 행사에 국한된 일은 아니고, 제사나 명절에도 마찬가지다. 참석자는 주로 어느 정도 나이가 든 사람들이다. 행사가 줄고 참석자가 줄어든 것이 좋다고 말할 수는 없고 공동체라는 입장에서도 결코 바람직하지 않다. 예전부터 제주에는 '궨당'이라고 해서 친척간의 유대를 중요시하였지만 이제는 친척끼리 만나는 일이 줄어들어서 유대도 느슨해지고 있다. 심지어는 남남처럼 되어버리는 것이 최근의 현실이다. 일 년에 하루, 그것도 아침에 두어 시간이면 모여서 벌초를 마치고 공동행사를 하는 것이 유일한 만남의 시간이 되어버렸다. 그래서 친척들이 모이면 앞으로 후손들이 벌초 자체를 안 할까봐 걱정들을 많이 한다. 그렇기에 친척 공동체를 위해서 얼굴을 맞댈 수 있는 공간이 더욱 필요하다고 생각하며 적어도 우리가 살아가는 동안만이라도 친척들을 자주 만나 볼 수 있으면 좋겠다는 것이 모두의 바람이다.

말끔하게 벌초된 가족 묘지를 바라보며 인간은 '바람 속의 먼지'라는 밥 딜런의 노래가 불현듯 떠올랐다. 어떻게든 열심히 살아보려 안간힘을 쓰지만 결국은 한 줌의 흙으로 돌아가는 것이 인생이라고 생각하니 모든 것이 허망하기 짝이 없다.

어떤 귀로

갑자기 토요일 날 출장명령이 내려지는 바람에, 점심마저 거르고 청주비행장에 내린 후 허겁지겁 세종시에 도착하였다. 그 당시 제주도는 아직 양성인 메르스 환자가 없어서 그다지 심각성을 못 느꼈지만 육지에서는 치료하는 간호사들이 사표 내고 병원을 나가버리는 등 난리가 났다고 하였다. 오후 네 시 조금 전에 회의 장소인 고용노동부 지하 벙커로 옮겨 회의를 시작하자 분위기가 갑자기 숙연해졌다.

각 지역 의료원 원장님들은 할 말이 너무 많아서 한 시간이면 충분하리라던 회의가 무려 두 시간 넘고도 계속되었다 생각 같아선 제발 끝내자고 호소하고 싶었지만 차관님이 주재한 회의라서 어쩔 수 없이 견디고 있었다. 그렇게 회의가 길어지다보니 오후 7시 5분 예약 비행긴데 이미 여섯시를 조금 넘겨 버렸다. 이제는 돌아가는 비행기 시간을 맞추는 것이 심각하게 걱정되기 시작했다. 낯선 청주에서 일박을 해야 한단 말인가? 내일 꼭 봐야하는 방송대 시험도 있는데……. 다행히도 같이 회의에 참석했던 원장님 한 분이 마침 내려가는데 같이 청주공항까지 가주신다고 제안한다. 일순간 배고픈 것도 잊고 감사하다는 말을 연발하면서 그 분의 승용차에 올랐다. 그래도 걱정돼서 운전하는 기사한테 물어보았더니 청주공항까지 한 시간 조금 더 걸린다는 의외의 대답이 나왔다. 올 때 택시로 40분 정도 걸렸으니 조금 밟으면 어찌 도착할 수도 있을 거란 실날같은 희망이 뭉개지는 순간이었다. 기사에게 '사실은 7시 5분 비행긴데 힘들겠네요.'라고 힘없이 푸념

하였다. 기사분이 잠시 생각에 잠기더니 지름길로 가 보겠다고 하면서 엑셀을 밟기 시작했다. 갑자기 나 때문에 과속 딱지 몇 장 떼는 게 아닌가 걱정도 들었다. 가면서 예약된 항공사에 전화해서 늦어지는 사정도 미리 말해두었다. 기사는 나를 꼭 예약된 비행기에 태우고 말겠다는 굳센 일념으로 웬만한 곳은 비상등을 켜고 빠르게 통과하였다. 한참을 말없이 그러나 열정적으로 운전하더니 '탈 수 있겠네요.' 하고 짧고 굵게 말하였다. 공항 도착 6시 45분 기가 막힌 운전 실력이었다. 동승한 원장님과 기사에게 연신 고맙다고 하면서 차에서 뛰어 내렸다. 공항에 매점도 있고 화장실도 있었지만 과감히 (사실은 어쩔 수 없이) 외면하고 탑승권을 건네받고 서둘러 2층 검색대를 통과하는데, 직원이 가방 안에 수상한 물체가 있으니 꺼내보란다. 안 그래도 늦어서 야단인데 확인시키려면 가방을 열어서 올 때 산 홍삼캡슐 세 박스를 꺼내고 다시 찾아야 한다. 확인해 보니 안경 수리하는 기구가 문제였다. 아주 작은 나사가 빠졌을 때를 대비하여 안경점에서 주었던 것인데 이것이 투시기에서 잡힌 것이었다. 어쨌거나 7시 5분 비행기를 타긴 탔다. 허기진 배를 부여잡고 좌석에 앉아서 조금 졸고 나니 주스나 커피 마시라면서 여승무원이 다가오기에 토마토 주스를 한 잔 주문했다. 도착한 제주 공항의 날씨는 좋았다. 청명한 하늘을 보면서 갑자기 물회, 그것도 도두동의 유명한 S네 물회가 머릿속에 떠올랐다. 비행기에서 내리자마자 서둘러 도두에 가서 한치물회를 주문하고는 허겁지겁 정신없이 먹었다. 배가 고파서 그런지 그날따라 더욱 맛이 있었다.

바람이 몹시 불던 날
- 출판기념회

어제는 처녀시집『폐동이왓』의 출판기념 행사가 있었다. 일기예보에서 오후에 비가 온다고 하여 며칠 걱정하다가 다행히도 일기예보가 흐림으로 변경되어 안심하고 있었는데 웬걸 바람이 아주 강하게 불어서 행사장인 백포마을회관 마당에 텐트를 치는 것조차 힘들고 축하 화환들조차 세워두기 어려울 정도였다. 그래도 어렵사리 텐트를 치고 이호마을 회관 마당에서 기념식을 거행하였다. 축하객이 예상보다 많이 와서 뒤에는 서 있을 정도였으니 150명 정도는 족히 되는 것 같았다.

국문과 학우 김정희의 사회로 개회, 국기에 경례, 순국선열과 문인 및 세월호 사고로 숨진 영령들에 대한 묵념, 내빈 소개, 조옥순 문인협회 부회장 겸 현대문에 제주 회장의 격려사, 중앙마을을 대표한 송태효 전 제주시 의회 의장, 이규봉 도리 총동문회장과 김병호 현숙회 회장의 축사, 본인의 답사, 시인 이금미의「폐동이왓」시 낭송, 부상호 귤림문학 부회장의 영역시「봄 그 빗소리」낭송, 출판기념패 수여, 꽃다발 증정과 기념 촬영을 하는 순서로 진행되었다.

기념식을 마치고 장소를 마을회관 안으로 옮겨서 국수, 돼지고기, 오메기떡과 술을 들면서 2부 순서를 가졌다. 나를 아는 모든 사람이 얼마나 나를 소중히 생각 해주고 있다는 행복한 기분을 새삼 느낄 수 있었던 멋진 날이었다. 모든 이들에게 감사드리고 더 좋은 글을 써야 하겠다고 다짐해 본다.

영종 형에게

범종 형을 통해 형 소식을 듣고 있습니다만, 이국땅에서 잘 지내고 계신지요? 여기는 봄이 왔음을 축하하듯 온갖 꽃들이 개화하여 축제를 여는 것 같습니다. 형도 기억이 삼삼하리라 여겨집니다.

참 오래 전 일이네요. 아마도 형은 내가 어릴 적에 저의 우상이었다는 걸 모르시겠지요? 오늘에야 커밍아웃합니다. 형은 저의 4년 선배이고, 그나마 실업계인 상고에 다녔었는데, 당시에 그 어렵다는 해양대학교에 당당히 합격하여 주위를 놀라게 하셨지요. 형은 어린 시절을 저희와 함께 보낸 시골 출신이라서 당시에 해양대학교는 우리가 쉽게 넘보지 못할 대학이었어요. 인문고에 다니던 저는 형이 있었기에 나도 해양대학교에 들어갈 수 있을 거란 막연한 희망이 생겼고, 저의 대학 입학의 목표가 분명해졌습니다. 당시에 같은 해양대학교를 지향하는 학우가 있어서 서로 격려하면서 입시 준비를 하고 있었습니다. 그런데 운명의 장난이랄까요 막상 제가 진학을 결정할 때가 되어서 아버님께 해양대학교로 진학하고 싶다고 말씀드렸더니 완강하게 반대하시더군요. 이유인 즉, 가정이 불안해진다고 하시면서 절대로 안 되고 생활에 안정적인 학과를 선택하라고 하셔서 하는 수 없이 의과대학을 지망하게 되었고, 그래서 목표 학과가 바뀌게 되었네요. 지금도 그 시절을 생각하면 잘 한 건지 아닌지 판단이 서질 않습니다. 함께 공부했던 친구는 해양대학교에 입학하여 오대양을 누비면서 잘 지내고 있다고 합니다. 한편으로는 잘 했다는 생각도 들지만 그 때 과감하게 아버님 말씀 거역하고 해양대학교로 진학했어도 한 편의 멋진 인생이 아니었을까 생각합니다. 결국은 해양대학교 입학은 프로스트의 '가지 않는 길'이 되어버렸네요. 당시에 해양대학교 진학을 꿈꿀 수 있게 해주신 것도 형 덕분입니다. 실행하지 못한 것은 결국 자신의 추진력이 부족해서 못한 것이기에 누구를 탓할 수도 없는 일이지요. 한편으로는 아버님의 말씀에 순종하였으니 효도를 한 셈 치기로 하면 될 것 같아요. 형은 한 동안 외항선을 탔었다고 들었고, 형이 두루 돌아다닌 세계 각지의 이야기를 들었어야 하는데 그럴 기회가 없어서 아쉽게 생각하고 있습니다. 외항선 일정을 마감하고 그 후 타지에서 육상근무를 하시다가 미국으로 건너가 시카고라는 도시에 정착하였다고 들었습니다. 결과적으로 만나지는 못하고 소문만 들으면서 형은 멋진 삶을 살고 있다고 부러워만 하고 있답니다. 그렇다고 모든 일이 그렇듯 순탄하지만은 않았을 거라 생각합니다. 이제는 제가 미국 시카고로 놀러가서 형과 한잔 하면서 그 동안의 긴 무용담을 들어야 하겠네요. 그러고 보니 이제 새로운 목표가 생긴 셈이네요.

형이나 저는 바닷가 마을에서 자라긴 했어도 그다지 어선을 자주 본 적은 없었지요. 바닷가와는 조금 떨어져 있기도 했었고 다른 자연마을들이 바닷가를 차지하였고 우리들은 바다가 없었지요. 그 대신 해수욕장을 놀이터로 차지할 수 있었지요. 해수욕장 바로 위로 '폐동이왓'이라는 소나무 숲이 있어서 숲에서 자주 '총빵놀이' 하면서 자랐고, 여름철엔 해수욕장에서 수영하면서 즐거운 어린 시절을 보냈습니다. 형은 저보다 4년 선배라서 초등학교 졸업후 시내 중학교로 진학하고는 만날 기회가 거의 없어서 가끔씩 소식만 듣고는 했습니다. 저는 초등학교 시절 공부를 좀 해서 시내 중학교 입학할 때에 장학생이긴 했어도 당시 시내의 문화생활에 잘 적응하지 못해서 학교 성적이 점점 쳐지기 시작하였고, 최악이었던 것은 동일계 학교라서 시험 없이 고등학교에 진학하게 되니 더욱 공부에 태만해지게 되었습니다.

그래도 좀 공부했었다는 과거 이력 덕분에 고등학교 성적이 아주 바닥으로는 안가고 중상 레벨에서 머물렀습니다. 고삼이 되어 일본에 계신 부모님께서 밀항을 권유하는 바람에 완도에서 출발하는 활어선을 타고 후쿠오카로 향했는데 그만 밀항에 실패하고 말았습니다. 좁다란 철제 기름통에 세 사람을 집어넣었는데, 제가 폐쇄공포증이 있었는지, 도저히 죽을 것 같아서 꺼내달라고 부탁해서 기름통에서 나와 갑판 아래 숨어 있다가 발각당하였고 출입국관리소에서 4개월 정도 구금되어 있다가 강제 추방을 당하였습니다. 그 기간 동안 하카다항에서 날마다 보았던 수많은 선박들을 보면서 저 커다란 배를 타고 세계 각국을 유람하고 싶다는 생각이 들었습니다. 어쩌면 해양대학교에 대한 로망이 여기서 시작되었었고, 형의 대학 입학 소식을 들은 적이 있어서 나도 조금 더 공부한다면 해양대학교에 입학할 수 있겠다는 희망이 싹텄다고 생각합니다. 형이 없었다면 감히 그런 희망을 가질 수나 있었을까요?

그 후에 한국에 돌아와서 복학을 하려고 했지만 저를 권유 자퇴시킨 고등학교에서 받아주지 않는 거예요. 하는 수 없이 한 학년을 낮추어서 상업고등학교 2학년으로 2학기부터 편입하여 다녔는데 학년말 성적은 좋아졌지만 도저히 안 되겠더라고요. 대학에 들어갈 수 없겠다는 판단이 서서 전에 다니던 인문고 담임선생님을 찾아가서 사정을 말씀드렸더니 편입시험을 보라고 하시는 거예요. 겨울 방학 기간에 편입시험 보고 학교에 캐비닛 두 개를 기증하고 일학년 아래였던 학우들과 같이 삼학년을 다시 다니게 되었어요. 어찌 보면 이런 과정이 나를 더욱 단련시켰고 공부에 대한 열정을 불러일으켰다고도 생각합니다. 이

시기에는 아침부터 밤까지 공부만 했으니까요. 당시에 저의 공부 방침은 '자거나 공부하거나'였어요. 공부하다 졸리면 무조건 자고, 깨어나면 공부하기로 했던 거죠.

살다보니 사람과 사람이 만나는 것도 그렇고 세상일들이 돌아가는 것도 사람의 의지만으로 결정되는 것은 아니라는 것을 알게 되었습니다. 같은 마을에 태어나 생활하는 것도 그렇고 제가 일본 밀항하게 되는 운명적인 일이며 그와 관련된 밀항 실패와 강제 송환되어 형을 생각하게 되고 해양대학을 지원하게 된 것도 그렇고, 우리는 살아가면서 수많은 만남과 헤어짐을 갖게 된다고 생각합니다. 어떤 사람하고는 지겹도록 자주 만나서 즐겁게 또는 미워하면서 살아가지만 대부분의 사람들과는 자주 만나지 못하고 한 평생을 살다가 죽게 되는 거지요. 그러고 보면 가까이서 함께 부딪히면서 살아가는 사람들이 얼마나 소중한지를 알게 됩니다. 알지 못하는 인연에 의해서 얽히고설킨 관계를 가지면서 긴 세월을 함께 보내야 하기 때문입니다.

결국은 제가 원하던 해양대학교는 입학하지 못했어도 그 대학을 목표로 열심히 공부하는 계기를 제공하였고, 이후에는 변경된 일정에 맞게 다시 목표를 정하고 열심히 살게 되었네요. 형, 우스운 이야기지만 한 가지 말씀드릴게요. 제가 일본 밀항선을 타고 가면서 여러 생각을 했어요. 내가 일본 밀항에 성공하면 무슨 일을 하게 될까를 생각해봤어요. 그에 대한 답은 주방장이었어요. 왜냐하면 아버지가 일본에서 중국음식점을 운영하고 있었거든요. 그래서 주방장으로 성공한다면 아버지처럼 뚱뚱해질 거라고 예상하면서 피식 웃기도 했어요.

인간의 배아세포는 처음에 한 개에서 두 개, 네 개, 여덟 개로 세포분열하며, 이 세포들은 각기 다른 장기로 분화를 하면서 결국에는 사람이라는 성체가 만들어집니다. 결국 어떤 세포가 어떤 장기로 분화될지 예정되어 있는 것이고 최종적으로 다른 장기가 되듯 사람도 마찬가지 아닐까요? 어린이가 자라서 어떤 사람이 될는지는 아무도 모르지만 나이가 들면서 최종적인 모습을 갖게 되는 거지요. 저 역시 제가 어떤 직업을 갖게 될는지는 저 자신도 몰랐지만 여러 과정을 지나면서 결정되었습니다.

결과적으로 해양대학교를 목표로 열심히 공부하다 보니 목표가 달라지긴 했어도 대학에 입학하는 것은 성공했습니다. 모든 것이 인연이 닿아야 하듯이 대학 진학이며 취직이며 결혼마저도 그런 인연이 작용하는 것으로 여겨집니다. 남은 인생도 그렇게 흘러가지 않을까 생각됩니다. 그냥 손을 놓고 있는 것이 아니라 하루하루를 성실하고 부지런히 살아간다면 항상 좋은 결과가 있다는 것이 대학 진학 시기에 터득한 진실이라고 생각합니다. 저도 그렇게 살고 있지만 형도 객지에서 잘 살고 있을 거라 믿어 의심치 않습니다.

형은 계속 시카고에서 사실 건가요? 나이 들면 고향에 돌아와서 여생을 보내는 것도 좋지 않을까 해요. 어릴 적 같이 놀던 친구들, 동생들이며 고향 마을 모든 것이 정겹고 편안하겠지요. 하지만 세월이 흘러서 전에 알던 사람들이 한사람씩 돌아가고 새로 태어난 사람들은 전혀 알 길이 없고 안 변한 건 시골마을이네요. 그렇지만 마을도 조금씩 발전하여 가구 수도 늘어나고 전체적인 모습도 점차 커졌답니다. 한번 숙고해 보시고 정하면 좋을 것 같아요. 아마도 여러 여건상 움직이는 것도 힘들지 않을까 생각되네요. 가족들과 그곳에서 편안하게 지내시고 행여 제가 미국을 방문할 수 있으면 한 번 만나는 걸로 할께요. 형에게도 좋은 일 많이 생기길 그리고 건강하시고 행복하시길 기원합니다.

텅 빈 하늘

그 날의 기억은 지금도 한 장의 사진처럼 내 가슴 속에 선명히 남아 있다. 선창가에서 눈물 콧물로 범벅이 된 양갱을 손에 쥐고 멀어져 가는 어머니를 몸부림치면서 바라보고 있고 아이와 옆에는 이를 애처롭게 달래고 있는 할머니가 있었다. 뱃전에는 손수건을 꺼내 들고 하염없이 흐르는 눈물을 닦아 내리는 어머니가 있었다.

그 날은 초등학교 입학식을 치루고 두어 달 지난 봄날이었으며, 여느 날처럼 학교를 마치고 집으로 돌아오는 길이었다. 하굣길에서 마침 길 떠나는 어머니와 외할머니를 우연히 만났다. 어디를 가시냐고 물었더니 나의 새 신발을 사러 시내에 간다고 하였지만, 무언가 이상한 낌새를 눈치 채고는 같이 가겠다고 떼를 썼다. 어머니는 하는 수 없이 나를 데리고 갔었는데 그곳은 생전 처음 가보는 커다란 부두였다. 큰 배들도 여러 척 있었고, 항구에는 상점도 많았고, 지나다니는 사람들도 많았다. 신기하여 이리 저리 둘러보다가 '어머니는 어디 있지' 하고 찾았더니 큰 배의 뒷전에 타고는 나를 보면서 손수건으로 눈물을 찍어내고 있었다. 불현듯 두 번 다시 어머니를 보지 못하겠구나 하는 생각에 나도 배에 올라타 보려고 마구 떼를 썼다. 바닷물에 빠져 죽어도 좋다는 심사로 울며 발버둥을 쳤다. 외할머니는 난감해져서 상점에 들어가서 비싼 과자인 '연양갱'을 하나 사들고는 나를 어르고 달래려고 하였었다. 평소 같으면 만사를 제쳐두고 덥석 받았을 것이지만 그날만큼은 아니었다. 무언가 심각한 일이 벌어지고 있었음을 직감한 것이었다.

어머니는 일본에 먼저 가계신 아버지를 따라서 간다고 부산으로 밀항선을 타러 떠나버린 것이었다. 결국, 할머니에게서 연양갱을 받아 쥐고 훌쩍거리면서 발길을 돌릴 수밖에 없었다. 그 날 저녁에 집에 돌아와서 텅 빈 서쪽 하늘을 우두커니 바라보며 앉아 있다가 왈칵 울음이 솟아올라 한참을 울었다. 나는 말 수가 더 적어졌고, 더 신중하게 행동하게 되었던 것 같다. 이후로 십일 년 동안 어머니를 만날 수도 볼 수도 없게 되었다.

외가와 친가는 내가 다니던 초등학교를 사이에 두고 동서 양쪽으로 떨어져 있어서, 이후로 나는 두 마을을 번갈아 오가며 초등학교를 다녔다. 정월 명절이면 학교 친구들이 나를 부러워하였었다. 친가에서 신정을, 외가에서는 구정을 쇠었기에 세뱃돈도 각각 나누어서 받았고, 맛있는 음식을 두 번 먹을 수 있었기 때문이었다.

가을 운동회가 돌아오면 맛있는 홍시를 먹을 수 있어서 좋았다. 그렇지만 달리기 때문에 늘 부담스러워지곤 하였다. 나는 운동에는 소질이 없었기 때문이다. 그래서 달리기 잘 하는 친구들이 늘 부러웠다. 반면에 공부는 잘 하는 편이어서 학기가 끝나면 노상 '우등상'을 받을 수 있어서 동네 어른들에게는 '공부 잘하는 애'라는 인정을 받곤 했다. 아마도 운동을 잘 못 하였기에 더욱 공부를 열심히 하였던 것 같다. 초등학교를 마치고 중학교에 진학하고는 외가에 가끔씩 가게 되었는데 외할머니는 마치 딸을 보듯 정성스럽게 외손자를 대접하여 주셨다. 돌아갈 때면 용돈도 챙겨주셨고 늘 버스비는 가지고 있는지를 물어보곤 하였었다. 그 당시에 어린 나이였지만 나에게는 나름대로의 스트레스가 쌓여도 대화로 풀어내거나 의논할 대상이 없었던 것이다. 그래서 가끔씩 인자하신 외할머님을 찾아가서 속풀이를 하였고 그럼으로써 다시 마음의 평정을 유지해 나갔던 것 같다. 시간이 지나서야 느끼는 일이지만 외할머님께 송구스러운 마음뿐이다. 사람의 성격 형성은 선천적인 요인이 크겠지만, 생활환경에 따라서는 습관처럼 형성되어 굳어져 버리는 부분도 상당히 있을 것이라는 생각하게 되었다.

한편, 위험을 무릅쓰고 일본에 있는 아버지를 찾아 떠난 어머니는 가까스로 밀항에 성공하여 가정을 꾸리고 살게되었지만, 낯설고 물설은 이국에서 살아가는 것이 처음에는 여간 힘들지 않았다 한다. 여권이 없는 불법체류 상태이어서 경찰에서 혹시 조사 나올까 아니면 신고당할까 노심초사하였다 한다. 더욱이 일본어를 할 줄 몰라서 아버지가 곁에 없으면, 누가 말을 걸까봐 아주 불안하였다고 하셨다. 그러다가 점차 일본에 적응이 되어가면서 오누이를 낳고 비로소 단란한 가정을 꾸릴 수 있었다 한다. 그렇지만 한국에 버려두고 온 큰 아들이 눈에 밟혀 내 또래의 아이들이 지나가는 것을 보면 늘 생각나서 여러 번 울기도 했다고 하셨다. 다행한 일은 일본이 고도 성장기에 들어가서 거의 모든 업종이 호황을 맞았고 아버지의 음식점도 잘 되어서 당시 살림이 많이 나아졌다는 것이었다.

어머니는 그렇게 작별하고 나서 내가 고등학교 3학년이 되어서야 영주권을 처음으로 얻게 되었고 일본에서 잠시 귀국하여 반갑게 다시 만날 수 있었다. 대학생이 된 후로는 가끔 어린 동생들을 데리고 한국에 와서 함께 시간을 보낼 수 있어서 좋았다. 나는 의과대학을 졸업하고 인턴 생활 말기에 결혼하고, 아이들을 낳고 키우다 보니 지천명의 나이로 훌쩍 접어들게 되었다. 그 사이 아버지는 지병으로 여러 해 전에 돌아가셨고, 일본에 있는 남동생과 여동생은 각자 장가 시집을 가서 행복한 가정을 꾸리고 살고 있다. 작년에는 어머님도 어느덧 칠순의 나이를 넘기게 되었고 일본에서 동생들과 조촐하게 가족끼리의 칠순 잔치를 마련하였었다.

어릴 적 내가 그렇게 그리워하였던 어머니의 모습은 이제 초라한 노파의 모습으로 변해버렸지만, 나는 아직도 젖이 모자란 아이처럼 늘 어머니를 그리며 오늘 하루를 살아가고 있다. 어머니와 생이별을 하던 날 그 텅빈 하늘을 잊을 수가 없다.

어머님께 드리는 사모곡

– 어머님의 고희연에서 –

사랑하는 어머니 !

세월이 빨리도 흘러 어느덧 당신의 칠순을 맞이하였습니다. 지나간 긴 세월만큼이나 어머니는 고생도 많이 하셨고 슬픈 일, 어려운 일도 많이 겪었다고 생각합니다. 그렇지만 이제는 그러한 고난을 다 잊을 수 있을 정도로 저희 형제들이 어머니의 기대에 부응하여 잘 자랐으며, 떳떳한 사회인으로서 남부럽지 않게 생활하고 있다고 감히 자부합니다.

어머니!

그 옛날 먼저와 계신 아버지를 찾아서, 이 일본 땅에 밀항으로 건너와서 아버지와 재회하고 사랑하는 나의 두 동생을 낳아 주셨기에 오늘의 이 자리가 풍성해졌습니다. 당시로서는 한국이나 일본 모두 생활이 어려웠지만 그나마 일본이 훨씬 나았기에 부모님의 삶의 터전을 일본으로 삼았다고 생각합니다. 철모르던 저는 일곱 살의 저를 혼자 남기고 떠나버린 당신을 원망도 하였었지만, 나중에 아버지께서 어머니에게 보냈던 편지를 읽고서는 부모님을 다소 이해할 수 있었습니다. 혼자 일본에서 생활하시던 아버님이 병환으로 입원하고 있을 때의 편지였습니다. 어릴 적의 제 사진을 손에 쥐고는 '당신을 사랑하고 있고 늘 아들 사진만 보면서 생활하고 있으니 재혼하지 말고 반드시 일본에 와 달라.'는 내용이었습니다. 재회의 기쁨도 잠시 일본에서 동생들을 낳으신 후에도 어머니는 일본말이 능숙하지 못하셔서 생활 자체가 더욱 힘들었으리라 생각합니다. 한일협정이 이루어지고 나서, 부모님은 한국에 혼자 있는 저를 불러들여서 온 가족이 합쳐야 한다고 판단하여 저를 밀항시켰지만 저는 실패하고 말아서 부모님과 동생들을 더욱 곤란한 지경에 빠지게 하고 말았습니다. 그래도 그 일로 인하여 제가 얻은 것은 일본의 가족들도 그리 넉넉한 생활을 하는 것이 아니라는 것을 깨달았고 열심히 노력하는 부모님을 보고는 저 역시 노력하지 않으면 안 되겠구나 하는 다짐을 하게 되었습니다.

어머니!

저는 밀항 당시 일주일간의 일본체류 허가를 얻고 지냈던 날들을 잊을 수가 없습니다. 복자는 유치원생이었고 승림이는 초등학교 3학년 정도였는데 자전거를 아주 잘 탔던 기억이 생생합니다. 제가 동경 큰아버님 집에서 아버님과 돌아온 직 후 승림이가 말을 안 듣는다고 어머니한테 야단을 심하게 맞아서 마음이 많이 아팠습니다. 저를 대신하여 야단을 맞는 기분이었습니다. 일본에서 돌아온 후, 저는 열심히 공부하여 희망대로 의과대학에 진학하게 되고 학비가 많이 들었지만 부모님은 공부만 열심히 하라고 격려하여 주셨고 뒷바라지를 해 주셔서 의대를 졸업할 수가 있었습니다. 당시는 몰랐지만 저의 학비를 대느라고 동생들마저도 가게에서 일하지 않으면 안 되었었기에, 시간이 많이 지났지만 동생들에게도 고마운 마음을 이 자리를 빌어서 전하고 싶습니다. 저는 졸업한 다음 해에 평생 반려자인 지금의 아내를 만나서 양가 부모님과 친지들 앞에서 자랑스럽게 결혼식을 올리게 되었습니다. 승림이도 복자도 열심히 노력하여 좋은 학교를 졸업하였으며 저는 누구에게나 동생들을 자랑하고 있습니다. 부지런히 일하시면서 자식 뒷바라지를 해주시던 아버님이 심장병에 걸린 것을 알았던 것은 제가 수련의 과정 중이었던 터라 안타까운 마음과 달리 그 추이를 지켜볼 수

밖에 없었습니다. 제가 1989년 서귀포에 개원한 다음 해 여름, 오사카 꽃 박람회가 열려서 아이들과 함께 가서 부모님들과 일본의 가족들은 만을 만났습니다. 그때의 즐거웠던 추석은 아직도 선명합니다. 그리고 아버지께서 그 해 가을 날 한국에 나오려고 준비하다가 갑자기 돌아가셨다는 연락을 받았습니다. 당시로서는 그 일이 충격적이었으며 너무나 허무하였습니다. 저는 그 때 아버지처럼 허무하게 살지는 않겠다고 맹세하였지만, 시간이 흐르면서 삶과 죽음이란 인력으로는 안 되는 일이라는 것을 깨닫게 되었습니다.

사랑하는 나의 어머니 !

1995년의 한신대진재는 우리 가족에게 커다란 고통을 안겨 주었습니다. 운 좋게도 우리 가족은 집은 전부 부서졌지만 아무도 다치지 않고 넘길 수 있었습니다. 아마도 돌아가신 아버님이 하늘에서 보살펴 주시지 않으셨나 생각합니다. 어머니는 아버님이 돌아가 버리시고 어머니 당신에게 숙제처럼 남겨진 동생들의 결혼을 늘 걱정하시더니 마침내 남동생이 1999년에, 여동생이 2003년에 각각 마츠오카(松岡)상과 와다(和田)상을 만나서 결혼하게 되어 저 역시 대단히 고맙고 기쁘게 생각하고 있습니다. 더구나 멋진 결혼식들을 치르게 되어서 저희 부부는 그저 훌륭한 동생들에게 감사하게 생각할 따름입니다. 이후로는 좋은 일들이 이어져서, 조카인 리츠키(律樹)와 슈고(洲冴)가 새로운 식구로 우리 가족의 울타리 속으로 들어오게 되었습니다.

어머니!

지나간 가족의 일들을 몇 줄의 이야기로 간단히 이야기 하였지만 어머니가 겪었던 일들은 아마도 여러 편의 영화로 만들어도 부족하지 않을까 생각해 봅니다. 그 동안 고생이 많았던 만큼, 또 아버님이 일찍 돌아가신 만큼 어머니는 오래오래 사셔서 저희들과 즐거운 일들 그리고 행복한 일들이 많이 생겨나는 것을 같이 즐기고 지켜보아 주시기를 간절히 바랍니다. 또한 이 자리를 빌어서 함께 고생하였던 두 동생과 앞으로 저희와 같이 한 가족으로 이 세상을 살아갈 제 아내, 제수씨인 마츠오카(松岡)상, 매제인 와다(和田)상에게도 깊은 감사의 말씀을 전하고 싶습니다. 이 자리에 꼭 참석하고 싶어 했지만 병원 당직 때문에 참석하지 못한 손자 승환(昇桓)이와 공부 때문에 미국에 가 있는 손녀 미림(美林)이를 대신하여 또한 축하의 말씀을 전합니다.

어머님, 당신을 진심으로 사랑합니다!

2006년 1월 28일

아들 대림 올림

아버지의 편지

문득 아버지와의 편지가 생각났다. 정확하게 언제인지 기억할 수 없지만 어려서부터 아버지와 편지를 주고받았었다. 내가 한글을 깨우치고 글쓰기를 시작하면서 할머니는 늘 아버지에게 편지를 쓰도록 종용하였다. 편지 쓰는 것이 쉽지는 않았지만 기본적으로 '아버지에게' 라고 먼저 쓰고 계절 인사를 간단하게 쓰고, 학교 잘 다니고 있다는 등 농사가 잘 되었다는 등의 그런 순서로 쓰는 것이 요령이었다. 반면에, 아버지의 답신은 간단하였다. 글자는 크고 멋지게 잘 쓰셨지만 기본적으로 간단하다는 느낌이었고, 이 스타일을 아마도 돌아가시기 전까지 그렇게 계속되었던 것 같다. 할머니는 아마도 지금 손자를 키우고 있지만 언젠가는 부모를 다시 만나서 부모가 손자를 후원해줄 수 있도록 미리 유대를 단단히 맺게 해두고 싶으셨던 것이다. 마찬가지로 동생들과는 일본에서 낳고 자라서 학교 다니면서 편지를 주고받았다. 같이 자라지 않아서 깊은 형제간의 우애는 있을 수 없더라도 그래도 일본 땅에 동생 둘이 있고, 한국 땅에 소위 "이나까노 니짱(시골의 형)"이 존재한다는 사실을 서로 깊게 인식하도록 만들었다. 그러한 유대를 더욱 강하게 했던 것이 형제사이의 외모가 아니었을까 생각한다. 특히 그 중에도 눈이 많이 닮았다. 아버지는 코도 크시고 부리부리한 눈매를 가져서 선하고 시원한 인상을 가졌지만' 어머니는 눈이 작았고 그다지 예쁜 얼굴은 아니었다. 형제들이 모두 어머니의 눈을 닮았고, 남동생과 나는 서로 더욱 더 닮아서, 친구들이 놀러 와서 동생 사진을 보고는 내 어린 시절 사진이라고 오해한 적도 여러 번 있었다.

연말이면 동생들에게 신년 카드를 보냈었다. 언제였던가? 아버지가 앞으로 동생들에게 카드를 보낼 때는 반드시 같은 모양의 카드를 보내라고 불같이 명령하였다. 동생 둘이가 서로 자기가 받은 카드가 멋지다고 자랑하다가 결국 싸우고 만다는 것이었다.

그 후로 같은 카드를 내용만 다르게 써서 보냈던 기억이 난다. 편지의 내용은 언급했듯이 계절이 어떻고, 공부는 어떻고, 농사일은 어떻게 진행되고 있다는 것이었고, 중학교로 진학하면서부터 점차 돈에 대한 내용이 추가되었다. 아버지는 금전출납부를 꼭 쓰라고 하여서 사소한 지출이라도 기록하게 되었다. 내 고등학교 대학교 시절은 일본에는 고도성장기라서 중국식당 장사도 잘 되어 수입이 좋아서 학교 다니면서 돈 걱정은 안 해보았던 것 같다. 그저 돈이 필요하면 얼마가 왜 필요한지 편지로 보냈고 아버지는 군말 없이 돈을 보냈다는 간결체 편지를 하셨다. 대학에 입학할 즈음부터 아버지는 서울에 오시기 시작해서 일 년에 두서너 번은 오셨던 것 같다. 내가 고3 시절 일본 밀항에 실패하고 나서 시작한 공부에서 다시 집중할 수 있었고, 그야말로 운 좋게 의과대학에 합격하였고 그 합격자 발표 현장에 아버지와 나는 같이 있어서 감동적이었다. 내 딴에는 그나마 아버지에 대한 죄송함과 미안함을 조금은 지울 수 있었다고 지금도 생각하고 있다. 대학에 입학하니 의대수업도 만만치 않았고, 한 해에 몇 명씩은 반드시 낙제를 시켜버려서 동급생들이 받는 스트레스는 아주 컸다. 다행인 것은 아버지는 금전적인 걱정은 한 번도 안 시켰다. 아르바이트 같은 것은 생각도 말고 열심히 공부만 하고, 의대 공부가 그렇게 힘들면 다른 학과로 전과해도 좋다고 너그럽게 말해주시기도 하였다. 공부가 힘겹기는 했지만, 이미 일 년이 늦어진 상태라서 더는 지체할 수 없다는 신념으로 열심히 따라가서 낙제 없이 의대를 졸업하였고, 이후 의사 면허 시험, 전문의 시험도 모두 제 때 합격하였다. 다른 젊은이들과 마찬가지로 청춘 시절 보내면서 갈등과 방황도 있었다. 아마도 내가 가슴속의 사적인 말을 하려면 아버지는 부담스러워했었다고 느꼈다. 의대 졸업식 때 서울에 오셨는데 마음에 두었던 누구와 결혼하고 싶다고 내 비치자, 그 여자와는 안 되고, 자신이 아는 다른 사람에게 직접 부탁해서 고른 여성과 결혼하라고 하였다. 결국 아버지가 선택한 며느릿감과 졸업 후 둘째 해 일월에 결혼을 하게 되었다. 그 전해에 치른 약혼식은 5월에 부모님을 모시고 하면서 나는 부모님께 역시 자랑스러워하였던 것 같다. 서울에서 공부하는 고향 친구들이 여러 명 초대되어 왔었고, 나는 낙엽이 우수수 떨어질 때라는 가사의 '부모'라는 노래를 가슴 뭉클해지면서 불렀던 기억이 난다. 삼십년이 지난 지금 내가 부모가 된 입장에서 돌이켜 생각해 보면 과연 부모님은 그 약혼식을 어떻게 생각하셨을까 궁금해졌다. 그 당시 내가 느꼈던 것처럼 그다지 감동적이지도 자랑스럽지도 않았을지 모른다는 생각이 더 지배적이다. 어쩌면 부모님도 자신들의 역할을 어느 정도는 충분히 해서 그런 의미에서 보람을 느꼈을 것이고, 또한 어릴 적 못 다해준 부모의 역할을 보상해줄 수 있어서 덜 미안함을 가지게 되어서 안도했을 지도 모르겠다.

아버지의 편지는 늘 건조하고 간단하였지만 내용은 언제나 멋졌다고 생각한다. 계절 인사도 거의 없고, 본론으로 들어가서 하실 말씀만 쓰고 끝을 맺는 내용이었다. 그럼으로써 아버지로서 체면도 유지하고 강하게 보이고 싶었는지도 모르겠다. 한편으론 현실적으로는 같이 공유한 시간이 거의 없었기에 다른 사적인 내용 자체도 없었기도 하였다. 어쩌다 만나서 들은 이야기는 아버지의 군대 시절 이야기, 일본 가족 이야기 그리고 내게 뭐가 필요한지 물어보는 그런 내용이었다. 나는 88 올림픽 이듬해에 서귀포에 병원을 개원하였고, 그 다음 해에 아버님은 쉰여덟이라는 이른 나이에 갑자기 돌아가셨다. 그 멋진 필체도 더 이상 볼 수 없다는 생각에 가슴 한편이 허전해진다.

아버지와 아들

아버지가 돌아가시고 벌써 35년이 지났다. 세월이 참 빠르긴 하다. 아버지는, 1989년 내가 서귀포에 개원한 다음 해 가을에 갑자기 돌아가셨다. 대동맥류라는 어마어마한 질병을 가지고 계셔서 급사하실 거라고 예상은 했지만 이렇게 이른 시기에 올 줄을 몰랐다. 돌아가시기 5년 전쯤에 심장병 진단을 받고 수술하여 치료하려고 했지만 고혈압 등 동반질환이 있어서 어느 정도 안정되면, 수술을 한다고 했다가 결국 급작스러운 결과를 맞게 되었다. 유서까지 작성하여 두는 등, 진단 당시 수술을 위한 준비를 했었다. 어려운 수술이기도 했고 성공의 가능성이 낮았을 것이라서 아마도 수술을 포기하였을 거라 추측된다. 돌아가시기 전 5년 사이 하던 일도 중단하고, 가게도 정리하고, 편안하게 지내려고 애썼던 것 같다. 사망 일 년 전 여름에는 오사카에서 만국꽃 박람회가 열려서 내가 개원하고 몇 달 안 되었지만 만약에 대비해서 일부러 가족들과 같이 일본을 방문하였었다. 사망하는 해에 한국에 나오려고 준비하던 도중 갑자기 변을 당한 것이었다. 당시 아버지 나이가 58세로 환갑을 2년 남겨놓은 때였다.

내가 받은 충격은 매우 컸다. 부모님과는, 특히 아버지와는 같이 생활한 적이 없다. 전부터 항상 부모님께 감사하게 생각해오고 있다. 어린 나이에 헤어져서 있어도 큰 아들을 잊지 않고 챙겨주셨고, 더욱이 큰돈이 드는 의과대학 6년 동안 학비며 생활비를 꼬박꼬박 보내주셨다. 의대공부가 힘들긴 했지만 절대 낙제하거나 해서 부모님이 더 부담스럽게 되는 상황을 피하려고 이를 악물고 공부하여 6년 만에 정시에 의대를 졸업했다. 부모님은 학업 중간 중간에 서울을 방문하여 맛있는 음식도 사 주시고 정신적으로 많이 격려를 해주셨다. 졸업 후에는 인턴과정에 들어갔고, 다음 해에는 결혼까지 하게 되었다. 결혼 비용이며 신혼집 임대료마저 부담해 주셨다. 지금에야 그것이 얼마나 대한한지 알지만 당시는 아무런 개념이 없이 덥석덥석 받기만 했던 것 같다.

나는 아버지의 죽음을 통하여 산다는 것이 참 허망하다고 느꼈다. 열심히 아들을 위해서 힘들게 살다가 자식 성공의 멋진 결과는 보지도 못하고 안타깝게 돌아갔다는 것이 남의 일이 아닌 것이다. 나 자신도 언제 어떻게 될지 확신을 할 수 없게 되어버렸다. 그래서 결과야 어떻게 되더라도, 현실을 직시하고 하고 싶은 일이 있다면 먼저 하고 보자라고 생각하게 되었다. 2002년 외과 술기 연수를 위해 일본을 다녀오고 나서 시작된 방송대 공부가 그 시작점이었다고 생각한다. 환자만 보다가 어이없이 죽는 것 보단 뭔가 의미 있는 일을 하고 싶어졌다. 일본어를 확실하게 공부하고자 시작한 방송대 공부가 재미있어졌고, 그래서 계속하여 학업을 이어나가는 것이 좋겠다고 여겨져서 다음 해에는 국문학과를, 이어서 중문학과, 컴퓨터과학과, 영문학과, 법학과, 경영학과, 경제학과, 보건환경학과를 졸업하고 농학과를 올해 초에 졸업하게 되었다. 중간에 대학원 문예창작콘텐츠학과도 졸업하였다.

결국 방송대 10개 학과를 23년에 걸쳐 졸업하였고, 중간에 시와 수필을 써서 시집 4권을 남길 수 있게 되었다. 나름대로 남는 시간을 활용하는 차원에서 방송대 공부를 계속하고 있으며, 이제 농학과를 마지막으로 잠시 휴식년을 가져볼 예정이다. 글을 쓰고 책을 읽는 데에도 많은 시간이 필요한 걸 알기에 방향을 틀어서 작품 활동에 더 충실해지고 싶다.

이야기가 방송대로 흘러버렸다. 지난 시간들을 곰곰 되새겨본다. 어릴 적 아버지와는 얼굴도 모르는 채 편지로 연락을 주고받았었다. 직접 만나게 된 계기는 내가 중학교 삼년 때 할아버지가 돌아가신 일이었다. 그 해에는 일본 큰아버지네 식구가 오셔서 장례식을 하였고, 다음 해인 1971년 내가 고등학교 1학년인 때 아버지가 할아버지 소상을 치르려고 제주에 오셨다. 첫 만남은 밋밋했다. '이분이 내 아버지구나!' 하는 정도였고 기뻤다거나 원망스러웠다는 감정은 없었다. 고향에 오신 아버지는 나와 관련된 일을 주도면밀하게 처리하셨다. 하숙을 관덕정 숙부 집으로 정하였고, 다음 해엔 고등학교가 화북으로 이전하는 바람에 등하교가 쉬운 동문 시장 내 이모부 집으로 하숙을 옮겼다. 2학년 당시에도 시내 친척분의 주선으로 밀항을 위한 준비를 한다는 명목으로 부산 영도와 경남 진해에도 갔었던 기억이 있다. 1973년 고등학교 3학년이 되었고 일본 영주권을 획득한 어머니가 여동생과 함께 제주에 왔다. 이때 나에게 일본에 밀항하라고 하기에 멋도 모르고 오로지 일본 식구들과 함께 할 수 있다는 기대감에 선뜻 응했지만 밀항은 쉽지가 않았다. 밀항하다가 죽을 수도 있는 위기감을 느꼈고 나는 결국 실패하고 말았다. 두어 달의 출입국관리소에 수용되었다가 일주일간의 일본 상륙 허가 후 본국 송환이라는 판결이 내려졌다. 난생 처음 부모 형제가 살고 있는 집에 방문하여 남동생과 처음 만났다. 내 밀항 실패로 집안 분위기는 안 좋았지만 가족이 살아가는 모습을 보니 이들도 평범한 삶을 살고 있고 나도 열심히 살아야겠다는 생각이 들었다. 밀항을 실패하는 바람에 모든 꿈이 산산조각이 나버렸지만 부모님은 실망하지 않고 아들 대학 입학에 매진하도록 물질적 심리적인 지원을 아끼지 않았고 대학 합격이라는 좋은 결과를 얻었다. 대학 입학한 다음에도 당시 대학생들이 하던 아르바이트는 하지 못하게 하였고 절대적인 재정적 지원을 약속하셨다. 나 또한 고생하시는 부모님과 동생들 생각에 절대 유급 당하지 말고 정해진 햇수 내에 졸업할 것을 다짐하고 열심히 노력했다. 어렵게 의대 졸업하고 결혼하고 수련과정도 마치고 전문의까지 되었다. 공보의 삼년을 탄광지대에서 보내고 고향으로 돌아와 개원하였다. 개원 다음 해에 아버지는 갑자기 돌아가셨다. 지금 나는 아버지께서 돌아가실 때 나이보다 10여년 더 살고 있다. 나이가 들수록 아버지의 사랑이 점점 더 크게 느껴진다. '아버지, 당신은 늘 저를 사랑하셨고 잊지 않았으며 가까이 두려고 했습니다. 그 고마움과 은혜, 죽을 때까지 잊지 않겠습니다. 사랑합니다.'

아버지는 여전히 저를 사랑하십니다

내가 태어나서 고등학교 일학년 때까지는 아버지의 얼굴을 모르고 자랐습니다. 아버지는 내 나이 한 살, 출생한 다음 해에 일본으로 밀항하여 저를 떠났습니다. 어린 시절 밀항하기 전의 아버지 사진을 본 적이 있었습니다. 키는 컸지만 너무나 가냘퍼서 홀쭉한 사람인 줄 알았습니다. 일본에 건너간 후에는 점차 살이 올라서 보기 좋았고 약간 비만한 정도까지 몸매가 변해갔습니다. 나는 어린 시절에는 아버지가 그다지 필요하다고 느끼지 못하였습니다. 친구 집에 가면 더러 아버지에게 매 맞는 일도 있어서 나는 아버지가 안 계신 것이 오히려 다행이라고 느낀 적도 있었습니다. 비록 얼굴은 몰랐어도 편지는 주고받았기에 아버지의 존재는 이미 잘 알고 있었습니다. 어머니마저 내 나이 일곱 살에 아버지를 쫓아서 일본으로 밀항하여 떠나버려서 그 때부터는 할아버지, 할머니, 그리고 숙부 숙모님들과 같이 생활하였습니다. 한 살에 헤어진 아버지와는 고등학교 일학년 때 만났으니 14년 만이었고, 어머니가 밀항 후 임시 영주권을 얻어서 고향을 방문한 때가 고등학교 삼학년인 내 나이 17세였으니 10년 만이었습니다. 아버지를 만났을 때는 처음으로 인사드렸는데 어색하기는 했지만 무덤덤한 기분이었습니다. 할아버지 소상 때문에 방문했기에 소상 치르고 내 생활에 대한 거처 문제며 용돈 문제 등을 깔끔하게 처리하시고 일본으로 돌아갔습니다. 공항에서 헤어지고 살던 고향집에 돌아와서 큰 소리로 엉엉 울었던 기억이 납니다. 뚜렷한 이유는 없었고 그저 허전해서 그랬을 것이라 여겼습니다. 초등학교 시절 나는 체육은 못 했지만 학과 공부는 잘 해서 학년 말에는 언제나 우등상장을 받았습니다. 따로 과외를 받은 적도 없지만 시험 보면 성적이 좋아서 머리가 좋다고들 했습니다. 시골 초등학교를 졸업하면서 중학교에 시험을 쳐서 입학할 때에는 장학생으로 선발되기도 했습니다. 고등학교 삼학년 때 어머니는 여동생과 같이 왔었고, 저에게 일본에 밀항하라고 하였습니다. 저는 뭣도 모르고 오로지 일본 식구들과 함께 할 수 있다는 기대감에 선뜻 응했지만 밀항은 쉽지가 않았습니다. 밀항하다가 죽을 수도 있는 위험한 일이었고 나는 결국 실패하고 말았습니다. 두어 달간 출입국관리소에 수용되었다가 일주일간의 일본 상륙 허가 후 본국 송환이라는 판결이 내려졌습니다. 이국땅 부모 형제가 살고 있는 집에 난생처음 방문하여 남동생과도 처음 만났습니다. 밀항 실패로 집안 분위기는 어두웠지만 가족이 살아가는 모습을 보니 이들도 평범한 삶을 살고 있다는 것을 알고는 나도 열심히 살아야겠다는 생각이 들었습니다. 한국에 돌아오니 내 미래의 상황은 안 좋았습니다. 고등학교 복학 자체가 안 될 뿐더러 여러 달의 수업 공백으로 삼학년으로는 그나마 복학이 안 되는 상황 이었습니다. 그래도 겨우겨우 실업계 고등학교 2학년 2학기부터 다니기 시작해서 한 학기 만에 전교 일등을 했습니다. 일등은 반가웠지만 이렇게 공부하면 대학교 진학은 불가능하다고 절감하고 인문고 전 담임 선생님과 상의하여 편입시험을 치루고 삼학년 일 년을 다니고 나서 대학입학 시험을 치렀습니다. 의대를 지망하였고 운좋게 합격하였습니다. 합격자 발표 날 일본에서 아버지가 서울로 오셔서 합격의 기쁨을 함께 해 주셨습니다. 대학 입학 후 서울에서 하숙 생활을 시작하였고 쉽지 않은 의대 수업을 이를 악물고 따라갔습니다. 아버지는 일 년에 한 번 정도씩 서울에 다녀가셨고, 어머니는 의대 본과 일 년 시절에 여름철에 한 번 방문했었습니다. 장마철이어서 우산 쓰고 돌아다니면서 고궁과 박물관을 관람시켜드렸습니다. 나는 잊고 있었는데 아버지가 하셨던 말씀하신 기억이 납니다. 우산 쓰고 서울 시내를 다니면서 내가 어머니 손을 꼭 잡아주어서 기분이 아주 좋았었다고 하는 말입니다. 어쩌면 어머니는 아들이 일곱 살에 헤어졌다가 21살에 같이 시내 관광을 다닌다는 사실이 어색했을 수도 있었을 것입니다. 반대로 저는 그 동안 어머니에게 그저 서먹서먹하게 대했던 것 같아서 죄송했습니다.

내 나이 70세 직전 나이에 부모님을 다시 생각해 봅니다. 몸은 떨어져 있었지만 일본에서 아버지는 나를 결코 잊은 적이 없었습니다. 마음은 있었지만 기회가 없었고 돈이 없었던 것입니다. 중학교 때인가 남겨진 어머니 물건인 궤짝을 정리하다가 아버지가 어머니한테 보낸 편지를 발견하였습니다. 당신 아버지는 병원에 입원 중이셨는데 어머니한테 다른 데 시집가지 말고 일본으로 꼭 와달라는 내용과 더불어 내 사진을 매일 바라보면서 울며 지낸다고 쓰여 있었습니다. 어떻게 일본으로 밀항해버린 어머니를 원망할 수 있겠습니까? 밀항 후 처음으로 한국에 와서 고등학교 일학년 아들의 생활 거처며 용돈 문제를 말끔히 해결해 주셨고, 그 이 년 뒤 가족을 한 곳으로 모으기 위해 저한테 밀항을 지시했습니다. 어릴 적 꿈이었던 가족과 같이 살아보기 위해서 과감히 그러겠노라고 했습니다. 밀항을 실패하는 바람에 모든 꿈이 산산조각이 나버렸지만 부모님은 실망하지 않고 아들 대학 입학에 매진하도록 물질적 심리적인 지원을 아끼지 않았고 대학입학 합격이라는 좋은 결과를 얻었던 것입니다. 대학 입학한 다음에도 당시 대학생들이 하던 아르바이트는 하지 못하게 하였고 절대적인 재정적 지원을 약속했습니다. 나 또한 고생하시는 부모님과 동생들 생각에 절대

유급 당하지 말고 정해진 햇수 내에 졸업할 것을 다짐하고 열심히 노력했습니다. 본과 일학년 시절 해부학 시험 준비가 매우 힘들어서 얼굴이 반쪽이 되었을 때 서울로 오신 어머니가 말씀하시길 '힘들면 다른 과로 전과해도 된다. 의사 아니어도 먹고 살 수 있으니 너무 집착하지 마라.'고 했는데, 나중에 동생한테 들은 얘기로는 나를 다시 일본으로 데려갈 계획을 세웠었는데 아버지 건강이 안 좋아지는 바람에 그만두었다고 내용이었습니다. 그 당시에는 자존심도 있고 의대공부를 계속할 수 있을 것 같아서 그냥 의대 공부하겠다고 해서 지나갔습니다. 어렵게 의대 졸업하고 결혼하고 수련과정도 마치고 전문의까지 되었습니다. 공보의 삼년을 탄광지대에서 보내고 고향으로 돌아와 개원하였습니다. 개원 다음 해에 아버지는 갑자기 돌아가셨습니다.

지금은 아버지 돌아가실 때 나이보다 10여년 더 살고 있습니다만, 나이가 들수록 아버지의 사랑이 점점 더 크게 느껴집니다. 아버지, 당신은 늘 저를 사랑하셨고 잊지 않았으며 가까이 두려고 했습니다. 그 고마움과 은혜, 죽을 때까지 잊지 않겠습니다. 사랑합니다.

내 인생의 대박 선택

오늘따라 어머니가 그립다. 예쁘지도 않고 성격도 안 좋은, 나를 사랑하지도 않은 사람이 왜 이다지도 그리운지 모르겠다. 지난날을 돌아보면 힘겹게 살아온 내 인생이다. 살아남기 위해서 어려서부터 눈치를 많이 보아야 했고, 부모의 울타리가 없던 나는 외롭게 견뎌내야 했다. 그 시절을 돌아보면서 가련한 내 자신을 무한정 안아주고 감싸주고 싶다. 살다보니 이제 우리 나이로 65세, 내년 생일이 지나면 만 65세, 노인그룹으로 정식 편입된다. 나에게 주어진 그 동안의 많은 선택을 대체로는 무난하게 잘 해냈지만, 일생을 좌우할 여러 중요한 선택에서 과연 얼마나 나은 선택을 했을지 돌아보게 한다. 나는 결코 잘 했노라고 장담할 수 없다. 자신은 최선이라 생각했지만 결과는 형편없었고 후회스러운 일들도 꽤나 있었다. 물론 그 중에는 대박이라고 할 만한 멋진 선택도 있었다. 대박 선택 중에도 으뜸은 역시 의과대학에 입학한 일이다. 시골 촌놈이 이렇게 멋진 신분 상승을 할 수 있었던 것은, 비록 부친이 추천하긴 했지만 최종 결정을 내가 했으니 지금 생각해도 기분이 좋은 일이다. 신분 상승이 급격했던 만큼 그 후속 처리과정은 처절하게 힘들었음을 이제야 고백하지 않을 수 없다. 의대 시절 학업을 쫓아가려고 죽기 살기로 공부에 파묻혀 지내야 해야 했고, 힘든 수련의 과정도 단연코 녹녹하지 않았다. 젊었기에 가능했고 부단한 노력 덕분에 무난하게 주어진 미션을 마칠 수 있어서 다행이라 생각한다. 의사의 길은 힘들고 고달팠지만 그래도 많은 성취감을 얻을 수 있어서 좋았고, 살면서 큰 자부심을 느끼게도 하였다. 배우자 선택의 문제에서는 부모님의 영향력이 컸었지만, 그 결과는 오히려 최악이라고 해도 좋을 것이다. 그 당시는 못 느꼈지만 이제 와서 생각해보니 내가 바라던 스타일의 사람이 아니었다. 어쩌면 내가 살아온 어릴 적 환경이 나를 그렇게 몰고 갔을지도 모르겠다. 가정이 불안한 마도로스에 반대하고 의대를 권고했던 부친의 의지와는 달리 결혼생활은 부친이 기대했던 것만큼 만족스럽지 못하였고 불행의 연속이었다. 자식들과도 멀어졌지만 온전히 배우자 탓만은 아니고 내 잘못도 컸다고 생각한다. 앞으로 어떤 반전 상황이 올 수도 있겠지만 크게 기대하지는 않는다. 어쨌거나 아들은 치과대학을 졸업했으니 먹고 사는 일은 그다지 힘들지 않을 거란 믿음 하나만 간직하고 싶다. 딸과는 다시 튼튼해질 가능성은 적지만, 아직 약간의 끈을 남겨 놓았다.

재 이혼 후 어쩌면 나는 혼자 살고 싶은 욕구가 강했었다고 생각한다. 뜻하지 않게 내 인생과 얽혀버린 다른 한 사람에 대해 생각하면 가슴이 먹먹해진다. 나보다 훨씬 더 불행한 운명을 가진 사람으로 끝까지 돌보아 주지 못한 점은 안타깝다. 하지만 본인의 자존심이 너무 강하여 다시 갈라설 수밖엔 도리가 없었다. 아무쪼록 그 사람 역시 잘 살아가길 기원한다.

앞으로 남은 인생을 어떻게 살아야 할까 망설여진다. 그렇지만 언제는 안 그랬던가, 지금까지 살아온 전철을 밟게 될 것이다. 그래도 이제는 마음을 열고 더 넓게 사람을 받아들이고 더 너그러워져야 할 것이다. 어린 시절과 젊은 날의 나를 무한하게 사랑하고 위로해주면서, 죽는 그날까지 편안하게 즐겁게 살려고 열심히 노력할 것이다.

외손자와 마께

'외손자를 괴려거든 마께를 괴라'는 말이 있다. 아니 들은 적이 있어서 확인이 필요하다. 외할머니한테 들었던가? 어린 시절에는 괸다는 말의 의미를 몰랐다가 그 말이 '사랑한다는 뜻이란 걸 알고는 아, 그렇다면 외손자를 사랑한다는 것은 덩드렁마께[1]를 사랑하는 것보다도 못하다는 뜻이라는 걸 깨닫고는 외가와의 사랑은 부질없는 일이라고 임의로 해석하고는, 조손 관계라는 것이 로미오와 줄리엣처럼 헛되다고 생각한 적이 있었다. 아마도 중학생 시절의 일이었던 것 같기도 하다.

근래에 딸과의 관계가 서먹하던 차에 딸 가족이 나를 만나고 싶다고 일부러 먼 제주까지 찾아와 준 뜻밖의 일이 일어났다. 작년 어린이날 부근의 일이었다. 외손자를 처음으로 만나서 짧지만 감격스러운 인사의 시간을 가졌다. 불쑥 연락받고는 점심시간에 나가서 패밀리 레스토랑에서 인사하고 식사하였다. 반가운 일이었다. 손자도 할아버지를 좋아하는 눈치여서 기분이 썩 좋았다. 자신이 만든 방학 숙제인 것 같은 수제 선물 세트 모형인데 하나하나 정성스럽게 작업했을 것 같다. 당돌하게도 내게 바둑을 둘 줄 아느냐고 물었다. 자신은 바둑을 좋아해서 학교 바둑 모임에 가입했고 열심히 배우고 있다고도 했다. 나도 바둑을 좋아한다고 했더니 다음에는 나와 바둑 한판을 두고 싶다고도 말했다. 딸의 설명으로는 손자가 할아버지를 만나고 싶다고 졸라서 남편과 함께 방문했다고 하였다. 처음에 얼핏 든 생각은 딸이 아비를 보고

---

1) 제주 방언, 자루가 짧은 뭉툭한 나무 방망이로서 밭볏짚 타작 용도로 사용됨

싫어서 손자를 빙자하여 오지 않았을까도 생각해 보았지만 그건 아니었고 딸의 설명이 맞는 것 같았다.

외할머니를 생각한다. 나이가 들어가면서 이해가 되는 일도 있는 법이다. 딸이 일본으로 밀항함으로써 혹 덩어리처럼 남겨진 외손자가 늘 걱정이 되었을 것이다. 내 외가와 친가는 다니던 초등학교를 사이에 두고 동서 양쪽으로 떨어져 있어서, 이후로 나는 두 마을을 번갈아 오가며 초등학교를 다녔다. 정월 명절이면 학교 친구들이 나를 부러워하였었다. 성가에서는 신정을, 외가에서는 구정을 쇠었기에 세뱃돈도 각각 나누어서 받았고, 명절도 두 번 먹을 수 있었기 때문이었다. 중학교에 진학하면서 발길이 뜸해졌지만, 어쩌다 자신을 찾아서 먼 길을 오면 정성껏 밥상을 차려주고 이런저런 이야기며 헤어질 때면 이불 틈새에 숨겨둔 비상금을 꺼내서 차비로 쓰고 맛있는 것도 사 먹으라면서 손에 꼭 쥐여주셨다. 어떤 때는 일부러 외할머니를 속상하게 하려고 뜬금없이 울음을 터뜨리고는 마구 달아나기도 하여 애를 태워드리기도 하였다.

외할머니는 어린 나이의 손자를 마음의 상처를 받지 않게 항상 정성으로 대하여 주셨다. 손자인 나도 외가에 방문할 때는 늘 배가 고픈 상태로 가서 맛있게 식사하였다. 한번은 점심 식사 후에 방문하여 식사했다고 했지만, 상을 차려주어서 반 정도만 먹었는데 할머니가 실망하시는 모습을 본 적이 있었기 때문이었다. 외할아버지는 내가 대학 일학년 때 돌아가셨다. 방학 때 내려왔을 때 찾아뵈니 넘어져 드러누워 계셨다. 비행기를 타고 고향을 떠나면서 아마 내가 돌아올 때는 할아버지는 안 계실 거라는 슬픈 예감이 들어서 잠시나마 눈시울이 뜨거워지면서 조용히 울었던 기억도 난다. 그 후로 얼마간 더 고생하시다 돌아가셨지만 나는 못 내려오고 나중에 묘소를 방문하였었다. 외할머니는 언제 돌아가셨는지 기억에 없다. 내가 사는 일정이 무척 바빠서 돌아볼 겨를이 없었기 때문이다. 그 후로도 외할머니가 안 계신 외가를 여러 번 방문하였지만, 그때마다 드는 생각은 '외손자를 괴려거든 마께를 괴라'는 말이었다. 살아계셨던 동안은 손자였지만 돌아가신 다음에는 다른 사람들과 비슷한 처지가 되어버렸다. 아무래도 외가는 낯설다는 생각을 지울 수가 없었다. 시간이 지나서는 점차 멀어져서 마침내 발길이 끊어지고 말았다.

내가 그랬으니 나의 외손자도 그럴것이라 생각하면서도 외손자를 생각하면 기분이 좋다. 두 세대를 건너야 하니 대략 60년의 시간적인 간격이 존재하는 셈이다. 며칠 전 일하는 중에 전화가 걸려 왔는데 바로 받지 못하고 나중에 전화했더니 '손자가 할아버지한테 전화했었는데, 지금은 학원에 갔어요.'라고 딸에게 전해 들어 무척 섭섭하였다. 다음날에는 전화로 반가운 손자의 목소리를 들을 수가 있었다. 나를 보고 싶다고 하였고 다시 제주를 다시 방문하고 싶다고도 하였다. 그리고 얼마 전 교내 바둑 대회에서 5등을 차지했다고 자랑스럽게 말하였다. 다음 만날 때는 바둑 한판을 안 둘 수가 없겠다는 생각이 들었다. 손자는 제 부모를 졸라서 반드시 방문할 거라는 생각이 들었고 그 순간이 벌써 기다려진다.

악몽

재시험 발표장 앞에서 한참을 전전긍긍하다가 이른 새벽에 잠에서 깨어나서 꿈의 내용을 곰곰 생각해 본다. 나의 젊은 날은 너무 힘들었었다. 칠십을 목전에 둔 이 나이에도 이런 종류의 악몽을 가끔 꾼다. 나의 악몽의 내용 중 최악은 의대 재시험이다. 재시험 명단이 발표되고 이 과목들을 어떻게 통과할지 전전긍긍하는 것이 고통의 본질이다. 과거의 힘들었던 일들이 지금에도 여전히 나를 고통스럽게 한다. 의대 시절에는 힘들었어도 돌파하기 위해 온 힘을 모아서 공부했고 헤쳐나가는 것이 지상 최대의 목표였으니 이런저런 다른 걱정을 할 겨를이 없었다. 졸업과 함께 시작된 인턴 레지던트 시절 또한 힘들었지만 그래도 낙제라는 시스템이 없었기에 정신적으로는 덜 고달팠다. 그야말로 수련과정은 몸으로 때우는 육체적인 고통의 과정이었다. 레지던트 일년차 때였나? 편도선염이 너무 심해서 도저히 수련과정을 못 버틸 것 같아서 이비인후과 선배를 찾아갔더니 편도선 절제술을 받아야 한다고 말해주어서 수술은 간단히 받았지만 회복의 과정도 무척 힘들었던 것 같다. 음식을 먹고 싶지만 통증 때문에 먹을 수가 없어서 무척이나 힘들었다. 수련 과정을 마치니 살 것 같았다. 인턴 말기에 결혼하였지만 신체적으로 너무나 힘들어서 어떻게 그 시절을 지냈나 모르겠다. 가정에 신경을 쓸 여유조차 없었고 집에 돌아오면 쓰러져 자기에 바빴었다. 애들이 어떻게 자라고 있는지 집에 쌀이 있는지 없는지 여유가 도저히 없었다. 전문의 자격 취득 후, 병역의무를 위한 이어진 13주간의 훈련병 과정은 신체적으로는 힘들었어도 정신적으로는 여유가 생겼었다. 돌이켜 생각하면 지금까지 내 자신을 돌아볼 정신적 여유가 없었다. 이 모든 과정이 하나의 코스요리처럼 정신없이 이어져 버려서 이제야 식사를 마치고 하나 둘씩 회상을 할 수 있게 되었다. 나는 나대로 정신없이 보냈다면 아버지는 아버지대로 본인의 구상대로 재정적인 지원을 해주었기에 모든 일이 톱니바퀴처럼 척척 이어져 나가서 외견상으로는 큰 문제가 없었던 것이라 여겨진다. 죽는 날까지도 재시험 악몽은 계속되어 나를 괴롭히게 될 것인지 나 지신도 궁금하다.

제3부

망중한: 3년간의 서귀포 의료원장을 지내면서

공공의료를 생각하며

의료원장에 취임하면서 '공공의료'라는 단어를 접하고 우선 떠올랐던 것은 '무의촌 진료'와 '무료 진료'라는 두 단어였다. 시대가 발전하고 경제생활이 넉넉해지면서 무의촌이라는 말 자체가 없어지고 무료 진료가 가능하지 않은 시대가 온 것이다. 취임하고 나서 가파도와 마라도에 무료 진료도 다녀보았고, 의료 취약 지역이라고 하기도 어려운 면 지역 의료 봉사도 다녀왔다. 나름대로 보람도 있고 충분히 의미가 있는 일이었다. 물론 두 가지 다 공공의료임에는 틀림이 없지만 그보다 더 중요한 것은 큰 지역을 아우르는 사업적인 개념의 의료인 것이다. 아시다시피 사업의 성격을 띠는 대형 공공의료는 수익성이 적어서 아무도 거들떠보지 않고 방치되어서 결국에는 오로지 공공병원이 그 역할을 떠안아야 하는 것이다. 결국 서귀포 의료원이 노력을 기울여야할 부분은 앞으로 펼쳐나갈 공공의료 부분인 것이다. 적자 경영을 개선하기 위한 자체적인 노력도 중요하며, 사업규모가 작지 않은 만큼 정부로부터의 지원과 제주도로부터의 지속적인 지원이 필수적임은 더 말할 나위가 없다.

현재 서귀포의료원이 운영 중인 응급센터는 부족한 점이 있지만 어느 정도 제 역할에 근접하고 있다고 평가받고 있다. 그리고 뇌심혈관센터 사업, 24시간 분만 산부인과 사업 그리고 보호자 없는 병동 사업 등은 금년에 바로 실시하게 된다. 이것들은 내가 취임하기 전에 시작되었고, 새로운 의료원 건물과 더불어서 시행되는 사업인 만큼 그리고 무엇보다 서귀포시 지역 주민들에게는 반드시 필요하기에 다른 새로운 의료사업을 개발하기 전에 성공적으로 안착시켜야할 사업인 것이다. 이 사업들은 모두가 비용은 많이 들어가고 수익은 적게 날 것이라고 예상되어 당장은 마이너스 사업인 셈이다. 아시다시피 전국의 공공병원들도 대개가 적자로 운영되고 있다. 적자 운영이 결코 자랑일 수는 없겠지만 공공적인 면에서의 소위 '착한 적자'가 불가분 공존하고 있어서 어쩌면 다소간의 변명은 될 것이다.

산남지역의 종합병원으로서는 서귀포의료원이 유일하기에 그 지역적인 사명감은 더 없이 크다고 할 것이다. 더욱이 주변의 혁신도시가 활성화 되고 강정지구의 인구유입이 늘 것으로 예상되어서 장차 늘어나는 의료수요에 대비해서 의료원도 점차 대형화, 현대화되고 주민들에게 더욱 친절해져야 한다. 공공의료 사업을 펼치는 데에는 지역 주민의 협조가 절실하며 그에 못지않게 의료원 식구들의 각성과 솔선수범 역시 필요하다. 자신들이 하는 일이 주위에서 칭찬받고 떳떳할 때 직장인으로서 또한 근로자로서 한 없이 자랑스러워지는 것이다. 그 동안 서귀포 의료원이 지역 주민들에게 만족스럽게 서비스해드리지 못한 점이 있었다면 지면을 빌어 사과드리며, 또한 잘못하고 있는 점을 과감하게 지적해주신다면 하나하나 고쳐나가도록 노력할 것이다. 이런 공공의료사업들이 제 자리를 잡아가고 지역 주민들의 만족도가 올라가면 서귀포시는 전국에서 안심하고 살 수 있는 살기 좋은 지역으로 발돋움하게 될 것이다. 앞으로 의료원 식구들이 하는 일에 더욱 충실하고 지역 사회를 배려할 때 비로소 서귀포 의료원은 산남지역의 자랑스러운 의료 중심으로 우뚝 서게 될 것임을 확신하는 바이다.

공공보건의료의 정책 방향

지난 9월 29일과 30일, 일박이일 일정으로 2016년 지역거점 공공병원 직무교육이 국립중앙의료원장과 34개 지방 의료원장들이 참석한 가운데 여수에서 열렸다. 때 마침 비가 내려서 마음 한편에 '비 내리는 여수항'이 살포시 각인되었고, 숙소의 창문을 통해 눈앞에 펼쳐지는 멋진 다도해 풍경도 감상할 수 있었다. 이 자리에서 여러 가지 사항을 발표하고 토론하였고 그 중에 '공공보건의료 정책 방향'에 대한 발표가 있었다.

금년 공공보건의료 정책의 기본방향은 '모든 국민이 건강한 삶을 보장받는 사회'를 목표로 다섯 개의 기본 추진전략을 축으로 하여 각각의 과제들을 풀어가는 방식으로 설정되었다.

기본 추진 전략으로는 지역 간 균형 잡힌 공공보건의료 제공체계 구축, 필수분야 보건의료서비스 적정공급에 대한 전략, 취약계층에 대한 의료안전망 강화에 대한 전략, 공공보건의료 지원기반 확충 및 서비스 질 제고의 전략과 공공의료기관 운영 효율성 제고 전략이다.

하나씩 살펴보면, 지역 간 균형 잡힌 공공보건의료 제공체계 구축을 위하여, 분만 취약지 지원을 강화하고 응급의료 취약 이송체계 및 기반을 확충함으로써 전국적으로 취약지를 줄여나가고, 공공보건의료 전문 인력 양성과 지원을 위하여 공중보건의사를 배치하고 있으나 자원인력의 감소로 점차 그 숫자가 줄고 있어서 이를 보완하기 위한 제도적 대책을 검토하고 있다. 감염 · 재난 · 응급 의료서비스 강화를 위한 감염병 전문병원 지정 등 전문치료체계 구축, 권역외상센터 확충 및 의료비 부담 완화와 권역응급의료센터 확충 및 응급의료 수가 개선작업 등을 준비하고 있다. 과거와 달리 병원에서 임종을 맞는 환자 수가 집에서 임종을 맞는 환자 수보다 늘어감에 따라 호스피스 병상을 더 늘리고, 말기 암환자에 국한된 지금의 범위보다 더 확대하게 된다. 현재 시범사업으로 진행 중인 포괄서비스(간호간병 통합서비스)를 2018년까지는 전국 병원으로 확장해 나갈 방침이다. 취약계층을 위한 보건의료복지 통합지원체계 지원을 강화할 것이고, 맞춤형 의료서비스를 제공할 것이다. 공공보건의료 지원기반 확충을 위하여 국립중앙의료원을 중심으로 국립대학 병원 및 지방의료원의 기관별 기능을 정립하고, 공공병원의 공익적 비용을 계측 체계화하여 신포괄수가 인센티브를 통해 손실을 보전하고 시설장비 현대화를 위한 지원을 강화하게 된다. 공공의료기관의 운영 효율성 제고를 위해서는 통합적인 평가체계를 마련하여 중복 평가로 인한 평가 피로도를 감소시키고, 내실 있는 평가를 하며 지방의료원의 경영개선 실적에 따라 예산을 차등 지원한다는 내용이었다.

위와 같은 여러 보건의료정책이 제대로만 실행된다면 튼튼하고 신뢰받는 지역거점 공공병원을 만들어질 것이다. 진주의료원 사태를 경험삼아 정부에서도 의료원들의 부족한 부분을 검토하여 지원해 나가고, 반면에 부실한 경영에 대해서는 개입한다는 적극적인 태도를 취하고 있다. 각 의료원들도 이에 상응하는 자구 노력을 배가한다면 지역 주민들에게 친숙하고 더욱 신뢰받는 지역거점 공공병원으로 재탄생하게 될 것이라고 굳게 믿는다.

착한 적자와 공공의료

지방의료원의 적자에 대하여 박 전대통령이 "착한 적자라는 말이 있는데 공공의료를 하다가 필요한 부분이면 정부가 지원하는 식으로 개선해 나갈 필요가 있다." 라고 언급하였었다. 착한 적자를 한마디로 정의하기는 어렵지만 이것은 '공익적 의료의 제공, 사회적 안전망의 유지, 중앙 및 지방정부의 정책 수행, 지역사회의 공익적 활동을 위한 어쩔 수 없이 발생하는 손실'로 볼 수 있다. 착한 적자는 환자에게 양질의 진료를 제공하기 위해 최대한의 노력을 전제하는 의료인 및 직원의 양심적, 주체적 의지를 포함하고 있으며, 수익성 보다는 환자의 입장에서 최선의 진료를 수행하려는 적극적 의지를 전제로 한다. '공공보건의료'란 공공보건의료에 관한 법률 제2조에 따르면 국가, 지방자치단체 및 보건의료기관이 지역 · 계층 · 분야에 관계없이 국민의 보편적인 의료 이용을 보장하고 건강을 보호 · 증진하는 모든 활동을 말한다고 규정되어 있다. 착한 적자와 공공의료와의 관계는 떼려야 뗄 수 없이 밀접하다. '착한 적자'에 대한 접근은 보건의료의 공익성, 공공성의 정의와 관련되어 있다.

많은 지방의료원의 적자에는 여러 원인들이 혼재하고 있다. 그 중에는 상대적으로 낮은 수가가 적용되어 이로 인한 손실이 생긴다. 의료원은 의료급여 환자를 많이 진료함으로써 수가차이로 인하여, 그리고 공공병원이므로 정책적으로 MRI, CT, 초음파검사 등 비급여 수가에 대해 낮은 수가를 적용하고 있어서 이로 인한 손실이 발생하는 경우도 있다. 또, 공공의료사업은 의료원의 설립목적에 따른 필수적인 사업이지만 수익은 그다지 발생하지 않고 비용이 증가하여 결국 손실이 늘어나게 된다. 다른 원인으로는 상당수의 의료원들은 교통이 열악한 지역에 위치하여 전문의들은 대도시 지역보다 더 높은 급여를 지불하고 있는 실정이다.

공공의료 사업은 대개가 정상적으로 운영하였을 때 흑자가 되지 못하는 사업을 말하고, 결과적으로 민간병원에서는 쉽사리 시행할 수 없는 사업들이다. 지역 거점 병원으로서 서귀포 의료원에서 현재 시행하고 있는 대표적인 공공의료 사업은 24시간 분만 산부인과, 응급센터, 심뇌혈관센터, 고압산소 치료센터, 음압격리병동, 포괄간호, 공공의료기관 수탁 운영, 도서지역 무료 순회 진료 사업 등이다. 다시 말하면 공공의료의 성격의 사업들이기 때문에 의료원은 위의 사업들을 맡아서 적극적으로 추진하고 있다. 그렇다고 의료원의 사업이 모두 적자라는 말은 아니고 종합적으로 적자인 셈이다.

그렇다면 착한 적자는 어떻게 처리할 것인가? 현재는 국가와 지방자치단체에서 지원해주고 있다. 지방의료원은 지역거점 공공병원으로 양질의 이차 진료서비스 제공, 포괄적이고 공익적 보건의료서비스 제공을 기본적인 역할로 한다. 의료 서비스의 제공뿐 아니라 전염병 대처, 응급 및 재난 대비 의료안전망 기능과 함께 의료급여 환자 같은 의료취약계층의 진료도 담당한다. 의료원의 만성적인 적자를 해결하기 위해서는 내부적인 역량 강화가 우선되어야 하겠지만 시 · 도 정책담당 부서, 보건복지부 및 중앙단위의 적극적인 관심과 지원 또한 강화되어야 할 것이다.

신뢰받는 병원, 소통하는 병원

서귀포 의료원장으로 취임한 지도 어언 한 달 반을 넘기고 있다. 그 동안에 여러 가지 일들이 많았고 그로 인해 많은 것을 몸소 배우게 되었다. 취임을 축하해주신 서귀포 시민뿐만 아니라 오랫동안 저를 알고 찾아주셨던 모든 분들께 이 지면을 빌어 감사의 말씀을 드릴 수 있음을 기쁘게 생각한다.

지난 25년간의 개인 의원 생활을 마감하고 보다 큰 꿈을 위하여 서귀포 의료원장이라는 자리에 오게 되었다. 긴 세월 동안 외부에서 지켜본 의료원은, 하드웨어라고 할 만한 건물, 시설, 의료진 및 직원 수 등에서 크게 발전하였다고 생각하며, 여러 가지 어려운 조건하에도 큰 발전을 이루어서 겉으로 보기에 만족할 수준을 이뤘다고 여겨진다. 그렇지만 내부적으로는 여러 가지 개선하고 노력해야할 부분도 많다.

우선 전국적인 현상이기는 하지만 의료원의 경영 적자를 개선해야 할 것이다. 여기에는 여러 가지 복합적인 요인들이 얽혀 있어서 쉬운 일은 아니지만 개선 가능하고 접근 가능한 부분부터 하나 둘 고쳐나간다면 시간이 걸리더라도 반드시 좋아질 수 있다고 확신한다. 그리고 제주도에서 차입한 은행 차입금을 상환하는 문제며, 의사와 간호사 등 우수 의료 인력을 확보하는 문제 또한 간단하지는 않을 것이라 생각한다.

이러한 문제에 접근하기 위해서 지금까지는 서귀포 의료원을 행복한 병원으로 만들기에 주력하였다면 앞으로는 '신뢰받는 병원, 소통하는 병원'을 모토로 지역 주민들에게 신뢰를 받고 직원들과의 소통을 통해, 가급적 가까운 서귀포 지역에서 모든 의료문제를 해소하도록 노력할 것이며, 산남 유일의 종합병원으로서 서귀포 지역에 사는 주민들 모두가 불편함 없이 이용할 수 있도록 미개설 진료 과목의 개설에도 노력하겠다.

또한 전임 원장이 추진하고 있던 여러 사업들은 앞으로도 계속하여 추진해 나가도록 할 것이다. 급속한 고령화로 인한 심혈관 환자가 증가하는 추세에 맞추어 신속한 진단, 검사 및 치료가 이루어질 수 있도록 추진 중인 '심혈관 센터'의 설치가 무난하게 이루어지도록 노력할 것이다. 이에 함께 추진 중인 '24시간 분만 산부인과 운영'과 '보호자 없는 병동 사업'도 성공적으로 자리 잡을 수 있도록 힘쓰겠다.

가장 난감한 문제인 노동조합과 단체교섭은 상식이 통하는 선에서 슬기롭고 긍정적으로 해결해 나가도록 노력할 것이다. 소홀히 할 수 없는 공공보건의료 사업에도 관심을 기울여서 지역사회의 저소득층 및 의료 취약계층 등에 대한 공익적 의료서비스 제공을 강화함으로써 민간 병원과 차별화되는 공공성 기능 역할을 수행해 나갈 것이다.

지금까지 작은 규모의 지역 주민들에게 봉사하였다면, 앞으로 더 많은 지역주민들을 위하여 더 많이 생각하고 고민하면서 서귀포 의료원을 안정적인 위치에 올려놓는 일도 충분히 가치가 있는 일이라 생각하면서 열심히 노력할 것을 재삼 다짐한다. 아직은 시작 단계여서 여러모로 부족한 점이 많을 것이지만 공부도 하고 자문도 얻으면서 제 직무를 충실히 다해 나갈 것을 서귀포 시민 여러분에게 약속드린다. 시민 여러분도 저희 서귀포 의료원을 믿고 찾아주신다면 성심성의껏 돌보아드릴 것을 약속드리오니 많은 이용을 부탁드린다.

장미가 가정 아름다운 계절이다

길거리를 걷다보면 온통 달콤한 감귤 향기로 정신이 혼미할 지경이다. 또한 싱그러운 초록의 잎사귀를 달고 있는 빨간 장미가 더없이 아름다운 계절이다.

실로 15년 만에 서귀포 의료원이 1.6억 원의 경영 흑자를 기록하였다. 그러나 속내를 들여다보면 그다지 기뻐할 만한 일은 아닌 것 같다. 정부와 제주도로부터 많은 운영비를 보조받았기에 무늬만 흑자인 셈이다. 그렇지만 지금까지도 지속적으로 지원금을 받아왔었던 일이고 보면, 무시할 수 있는 일도 결코 아니다. 그 흑자의 내용을 살펴보면 전년 대비 환자수가 14%, 수익이 21% 증가로 인한 것이었기에 앞으로의 실적을 더욱 기대토록 하고 있다. 금년 일사분기의 경영수익만 해도 지난해 대비하여 월 평균 2억 원 정도 늘어났고, 금년 말을 기준으로 예상해 보면 작년 대비 24억 원 정도의 수익 증가가 예상되고 있다. 이런 좋은 예상치는 재작년 말 신축 병원으로 이전하였고, 고가의 최신 의료시설과 장비가 갖추어졌으며, 실력 있는 의료진이 초빙되었기 때문이다. 이외에도 직원들의 친절도가 많이 향상되었고 무엇보다 환자와 보호자를 최우선으로 하겠다는 병원의 방침이 시민들에게 널리 전해진 덕분이라고 생각하고 있다. 결국은 서귀포 지역에서 진료를 받을 수 있는 환자들은 가급적 지역 내에서 해결하여 먼 제주시 지역까지 가지 않아도 좋을 환경을 차차 마련하고 있기 때문이다. 최근에 심뇌혈관센터를 개소하여 촌각을 다투는 심근경색과 뇌졸중 환자들을 서귀포 지역 내에서 직접 처리할 수 있게 되었고, 조만간 24시간 분만이 가능한 시설인 24시간 분만 산부인과 병동을 개소할 준비에 박차를 가하고 있다. 지난 3월에 개설한 포괄간호 병동은 시행 초기라서 아직은 운영이 미숙하고 몇 가지 불편한 점이 발생하여 개선하려고 애쓰고 있어, 조만간 본래의 취지대로 저렴한 비용으로 간병인 없이 입원하고 퇴원할 수 있게 될 것이다. 내가 부임하면서 노동조합과는 상식이 통하는 선에서 대화를 자주 할 것이라고 다짐한 바가 있었고, 아직은 단체협상에서 뚜렷한 결과를 내지 못하고 있지만 조만간 좋은 결실을 맺을 수 있을 것이라 굳게 믿고 있다.

직원들에게 당부하고 싶은 것은 서귀포 의료원 자체를 더욱 사랑해 달라는 것이고, 그야말로 하자가 없다고 자부할 수 정도의 좋은 평생 직장으로서 각자가 가꾸어나가야 한다는 것이다. 어떤 직장이건 주변에서 인정받지 못하고 눈앞의 이익만을 추구한다면 조만간 어려운 일에 직면하게 될 수도 있다. 더욱이 아직까지는 정부와 제주도로부터 재정적 지원을 받아야 운영가능한 입장이고 보면, 적자를 벗어나는 그날까지는 어느 정도의 고통은 전 직원이 서로 분담하여야 할 것이다. 또한 우리가 이왕에 제공할 서비스라면 환자 및 보호자가 만족할 수 있도록 최선을 다하는 것이 옳지 않을까 생각한다.

서귀포 의료원이 아직은 순수한 의미의 손익분기점에 이르지 못하였지만 앞으로의 가능성은 충분하다고 확신하고 있다. 몇 년 내에 손익분기점을 통과하고 은행 부채와 장기간 누적된 약 · 재료대를 상환할 날이 멀지않았음을 믿으며 직원 여러분들의 분발을 기대해 본다.

사월은 잔인한 달

'사월은 잔인한 달' T.S.엘리엇이 〈황무지〉라는 시에서 그렇게 말했다. 세월호 인양 중계를 바라보면서 이 또한 사월에 일어났던 일임을 새삼 깨닫는다. 서귀포 의료원 응급센터가 과연 어떻게 운영될지 초조한 마음으로 잔인한 사월을 기다리고 있다. 일부 언론에 보도되기는 하였지만 응급의학과 전문의 네 명과 4월 중순에 공보의가 만료되는 한 명 포함 다섯 명이 제주시내 모 종합병원으로 일시에 근무지를 옮겼다. 근무지 선택은 본인들의 자유의사라 달리 할 말은 없지만, 사태의 발단은 임금 인상을 내걸고 집단으로 사직서를 내면서 시작되었다. 재정환경이 열악한 의료원으로서는 처음에는 소극적으로 대응하여서 거절당하였고, 서귀포 응급센터를 지켜야한다는 취지의 주위의 권고로 어렵사리 그들의 요구를 전면 수용하기로 하였다. 대표 선생님 격인 사람과 만나서 다시 협의한 결과, 그 날 아침 본인은 남겠고 나머지 사람들의 의견을 묻고 최종적으로 알려준다고 하였다. 오후 다섯 시경 전원 남는다는 소식과 해당 병원 원장에게 죄송한 말씀을 전해달라는 내용의 전화를 받아서 그래도 잘 해결되는구나 하고 안심하고 있었다. 잠시 뒤 그 병원 담당자를 만난다고 하였는데 느닷없이 당일 밤 9시 반 경에 공보의 한 명을 포함한 다섯 명이 전원 그 병원으로 가지 않으면 치명적인 피해가 예상되니 갈 수 밖에 없다고 통보해왔다. 청천벽력 같은 소식이었다. 도대체 그 짧은 시간 동안 어떤 일이 벌어졌던 것일까? 정확하게는 알 수 없지만 뭔가 커다란 거래가 있었다고 밖에 추측할 수 없었다. 다음날 병원장을 만나러 일부러 찾아 갔었는데 급한 일을 핑계로 만나주지 않아서 섭섭한 심정으로 허탈하게 돌아왔다.

4월 1일부터 네 명의 응급의학과 선생들이 빠져나가 버리면 응급의학과 공보의 선생 두 명과 가정의학과 선생님, 원장 넷이서 응급실 진료를 담당하게 된다. 더욱 걱정인 것은 4월 13일에는 두 분 응급의학과 공보의 선생이 복무 만료로 의료원을 떠나면서 닥치게 되는 응급센터의 진료 공백이다. 의료원에서는 백방으로 응급센터를 맡아줄 선생님들을 수소문하여 구하고 있지만 시기적으로 어려워 지금까지 한 분도 구하지 못한 실정이다. 다행이라면 같은 공공병원인 제주대학 병원에서 응급의학과 전문의 한 분을 파견하여 근무해주신다고 하니 고맙기 이를 데 없고 힘든 결정을 내려주신 제주대학병원 응급의학과와 원장님에게 감사의 말씀을 전한다.

공동체의 의미를 다시 생각하게 한다. 우리나라 공동체, 제주도 지역 공동체, 서귀포시 공동체가 있지만 어느 하나 소중하지 않은 것은 없다. 서귀포 지역 유일한 응급센터가 마비되면 그 피해는 일차적으로 고스란히 서귀포 지역 주민들에게 돌아간다. 큰 병원에서 작은 병원을, 제주도 지역에서 서귀포 지역을 배려할 여유가 그다지도 없었는지 무척이나 아쉽다. 의료원으로서는 응급진료 체계가 무너지지 않도록 최선을 다할 것이고, 선생님들을 가급적 이른 시기에 확충하여 주민 불편이 없도록 노력할 것이다. 서귀포 지역주민들께서 조금만 이 상황을 견뎌주신다면 가급적 조기에 종식시킬 것을 약속드린다. 지면을 빌어 거듭 죄송한 말씀을 드린다.

'메디컬 코리아 2016 인 베트남'

베트남은 필자의 기억 속에 전쟁의 나라로만 입력되어 있었는데, 뜻밖에도 지난 칠월 초 나눔 의료와 의료관광 홍보를 위하여 그 곳을 다녀오게 되었다. 제주 팀 일행은 인솔자를 포함하여 모두 여섯 명이었는데, 서귀포의료원 외과의사인 필자와 간호사, 한국병원 산부인과 의사와 간호사, S중앙병원 대외협력과 직원 한 명이었다. 출발 전날 인천으로 가서 일박하고 아침 일찍 베트남 호치민 시로 향했다. 바로 호치민 시에서 응에안 성의 빈 시로 국내선을 타고 이동하였다. 응에안 성은 호치민의 고향으로 베트남 중부에 위치하고 있는데, 정치적 실력자들이 많아서 빠르게 성장하는, 과거와 미래가 공존하는 지역이고 인구는 삼백만 정도이며 빈 시가 그 중심도시이다. 다음 날인 화요일에 천삼백 병상 규모의 응에안 우정 종합병원 관계자와 면담 후 오전에 나눔 진료 행사를 시행하고 오후에는 수술을 참관하였다. 나눔 의료행사는 기존 제주 팀에 서울에서 온 성형외과 의사 한 분이 합세하여 현지 베트남 의사와 통역이 입회하에 진료가 이루어졌다. 환자들은 주로 전쟁 유공자와 소외계층을 대상으로 미리 선발되어 대기하고 있었다. 그곳은 베트남어를 사용하고 영어를 사용하지 않아서 진료기록은 모두 베트남어로 되어 있어서 현지 의사와는 통역을 통해서만 소통이 가능하였다. 진료 받을 환자는 많지만 의료보험제도가 잘 갖춰지지 않아서 골고루 의료혜택이 이뤄지지 않는다는 것을 느낄 수 있었다. 그 병원에서는 동시에 다양한 수술이 진행되고 있었고, 외과의사는 개인적으로 한국에 대한 호감을 나타냈다. 수술이나 마취의 진행은 국내에서 하는 것과 크게 다르지 않았다.

다음날은 오전 휴식을 취하고 한국보건산업진흥원이 주최하는 의료관광 홍보 행사인 '메디컬 코리아 2016 인 베트남'이 열리는 하노이로 이동하여 숙식을 취하였다. 하노이 시는 수도이면서 인구 육백만 정도의 대도시로서 북쪽에 위치하고 상당 부분 현대화되어 있었다. 한 가지 인상적인 장면은 오토바이들이 대도로의 절반 이상을 차지하여 달리는데 필자는 행여 사고가 금방이라도 나지 않을까 걱정했지만 그야말로 '물 흐르듯이 깔끔하게' 다니는 것을 보고는 오히려 신기할 정도였다. 목요일 오전부터 우리나라 전국에서 몰려온 홍보팀들과 합류하여 오전과 오후에 걸쳐서 의료 설명회를 진행하였고, 말미에 각 홍보팀에서 제공한 경품을 추첨하였는데 상품으로는 화장품, 성형 시술권, 호텔 숙박권, 건강 검진권 등 다양하였고 인기도 많았는데, 제주 팀은 세 병원 모두 건강 검진권을 경품으로 제공하였다. 마지막에는 상담(商談)도 이어졌다. 제주도에서 지원하여 이루어진 의료관광 홍보이기에 어떻게 하는 것이 최선인가에 대해서 토론하였는데, 베트남 사람들이 정작 한국에 대해서 가장 관심을 가지고 있는 것은 성형 분야이므로 앞으로 의료관광은 성형수술이 가능한 의원이나 병원이 주가 되고, 건강검진은 부수적이므로 동반하여 홍보하는 것이 효과적일 것이라는 결론을 지었다. 관광을 위주로 한다면 건강검진 단독의 의료사업도 가능할 것이라고 여겨졌다. 금요일 오전에는 베트남에서 한창 성장 중인 빈맥병원을 둘러보고 공식적인 베트남 출장을 마감하였다.

제4부

23년간의 반려, 국립 방송통신대학교

나의 제주 이야기 (반려가 되어버린 방송대)

고향이 제주인 내가 제주 이야기를 쓴다는 것이 멋적기는 하지만 그래도 토박이로서 그냥 있을 수가 없어서 글을 쓰게 되었다. 제주시 바로 서쪽 해수욕장 근처 마을인 이호에서 태어났다. 초등학교, 중고등학교를 마치고 서울에서 대학교 졸업과 수련의 과정 그리고 강원도에서 군 복무 대신인 공중보건의사 직분을 마치자마자 내려와서, 88 올림픽 다음 해에 서귀포에서 외과의원을 열었다. 제주에서 지난 33년 동안 개원하고서 과연 나는 무엇을 하면서 지냈을까 잠시나마 뒤돌아보고자 한다.

초중고를 거치면서 취미라고 내세울 만한 것이 내게는 딱히 없다. 고등학교 말년에 비공식적으로 일본을 다녀오면서 바둑을 배울 기회가 있었다. 그 후로는 대입 준비하면서 까마득하게 잊고 있었다. 대학에 입학하고서는 의대 사진반에 가입하였다. 선배들을 따라서 출사 다니면서 서울 구경도 실컷 하였고 한때 가톨릭의대의 '성의문학상' 사진부문에 응모하여 상도 받았고, 겨울방학 때 제주에 내려와서는 중앙로 산호다방에서 사진전을 열기도 하였다. 사진 취미는 워낙 시간을 많이 요구하므로 시간적 여유가 있어야만 가능하다. 그래서 수련 과정에서는 잠시 포기하였다가 공보의 시절에 다시 시작했는데, 아끼던 '아사히 펜탁스' 사진기를 분실하는 바람에 그것을 핑계로 그만두었다. 아마도 사진 취미에 대한 내 열정이 부족한 탓이었을 것이다.

군대 훈련을 마치고 강원도 태백에서 공보의 생활을 시작하면서 시간상으로 금전적으로 여유가 생기자 같은 공보의 동료들과 그곳의 골프연습장에서 골프를 배웠다. 지금까지 계속하여 30여 년을 손을 놓지 않았는데도 보기플레이하는 수준까지밖에 가지 못하였다. 같이 배운 동료 중에는 싱글을 치는 친구도 여러 명 있었지만 나는 골프에 그다지 흥미를 못 느끼고 모임이나 시합이 있으면 마지못해 따라가는 들러리 수준에 만족했기 때문일 것이다. 골프는 여건이 갖추어져야 필드에 나가게 되는데, 그나마 코로나 여파로 예약도 어려워졌고 자신도 그다지 열성적이지 못하여 근래에는 거의 못 나갔다. 하지만 스크린 골프가 활성화되면서 접근성도 좋고 비용도 저렴하여 필드 골프 대용으로 지인들과 자주 이용하고 있다.

우연한 기회에 연동에 개원 중인 동료 K 원장 의원에 들렀더니 대뜸 바둑을 둘 줄 아느냐고 물어보기에 그렇다고 했더니 바로 의기투합하여 바둑 두기를 다시 시작하였고 동아리에 가입하였고 오프라인 모임에도 참석하였다. 이제는 인터넷 바둑 보급이 확산하면서 기원에서 모여서 바둑을 두는 일이 많이 줄었지만, 그 당시는 기원 바둑이 대세였다. 점차 의사 모임에서도 동호회가 생겨나서 한동안 온라인과 오프라인 모임을 가졌었다. 인터넷 바둑 초창기에는 하이텔과 천리안 통신이 있었는데 바둑돌의 좌표를 숫자와 알파벳으로 찍어서 올려 착점하였던 기억이 난다. 또한 바둑 두면서 대화창에서 메시지를 주고받을 수 있는 것조차도 신기하였었다. 오프라인 바둑은 서귀포에서 제주시로 다니는 것도 힘들었고 모임 후에 회식하면서 자주 과음을 하게 되어 그만두게 되었다. 지금은 온라인을 통해서만 바둑을 즐기는데, 주로 시간 보내는 용도로 활용하고 있다.

바둑에 대해서 권태를 느낄 즈음, 방송통신대학교와 운명적으로 만나게 되었다. 2002년 일본 마쯔시마 병원에 3주 정도 항문수술을 견학하러 다녀와서는 일본어를 더 공부하여야겠다는 필요성을 느끼게 되었고 마침 방송대를 알게 되어 일본학과에 편입하게 되었다. 부모님과 동생들이 일본에 계셔서 틈틈이 일본어를 공부해두었는데 일상 회화를 하는 데는 여전히 부족하였다. 일본학과 졸업 후 일본어 능력 시험 1급에 합격하였고 일상적인 회화는 가능해져서 동생들과의 일본어 통화가 충분한 정도이다. 이후 졸업과 편입을 반복하는 형식으로 금년 아홉 번째 학과인 보건환경학과를 졸업하고 내년에 대망의 열 번째인 농학과에 편입하게 된다. 국문학과를 공부하면서 글쓰기를 배워서 시와 수필로 등단하였다. 현재까지 시집 세 권을 출간하였다. 글을 쓴다는 것은 자신을 내보이는 일이기도 하여 처음에는 쑥스럽기도 하였지만 여러 번 쓰다 보면 단련되어서 오히려 자신을 객관화시킬 수 있는 장점도 생기게 된다. 최근에는 창작 영역을 넓혀서 수필을 써보려고 노력하고 있다. 함축적인 운문도 좋지만 세세하게 자신의 감정을 펼쳐 보일 수 있는 산문도 자기표현에 좋다고 판단했기 때문이다. 무려 아홉 개의 방송대 학사를 취득하였지만 뚜렷한 목적을 가지고 공부한 것이 아니기에 그냥 빛바랜 훈장처럼 가슴에 달고 있는 것에 만족하고 있다. 어차피 시간은 흘러가고, 진료실 안에 갇혀서 시간을 낭비하고 있다는 기분만 들지 않아도 절반은 성공한 것이 아닐까 한다.

의과대학을 졸업하고 40여 년이 지나서 지금에 이르고 있다. 청춘 시절에 개원하였고, 이제는 영화표를 구매하려니 노인할인 혜택마저 주어져서 빠른 세월의 흐름을 실감하고 있다. 같은 처지의 다른 선생님들은 어떻게 지내고 있는지 궁금하다. 주위의 선배 분을 둘러보면 '아, 저분이 나의 미래구나!'라는 생각이 들었었고 실제로도 그렇게 변해가고 있음을 몸소 확인하고 있다. '청춘은 짧고 인생은 길다.' 또는 '인생은 짧고 예술은 길다.'라는 말이 허구가 아님을 실감하고 있다.

인생도 짧지만, 청춘은 더더욱 짧다. 하루하루를 보람차고, 만족하며 살아가야 할 이유가 여기에 있다.

국립 방송대학교

지금의 시대는 급격히 변화하고 있으며, 수많은 정보가 매스미디어를 통하여 전달되고 있다. 이런 정보의 홍수 시대에 적응하고 살아가기 위해서는 평소에 의무교육만으로는 안 되며 졸업 후에도 꾸준히 배우고 공부하는 자세가 필요하다고 하겠다. 나는 우연한 기회에 방송대를 접하고 일본학과에 발을 들여놓고 부터는 13년간 계속하여 여러 학과를 입학, 졸업하여 학습을 이어나가고 있으며 또한 만족하고 있다. 먹고 살기도 힘든 세상에 가외로 공부를 할 시간이 있느냐고 묻는 경우가 많았다. 그리고 그 학과를 졸업해서 무엇을 얻으려고 하느냐 하는 질문이 가장 많았다. 방송대의 장점을 들라면 우선 생업과 충돌하지 않는다는 것이다. 둘째로 수업 방식이 주로 인터넷을 통하여 이루어지기 때문에 조금만 노력하면 하루 한두 시간 정도면 충분히 강의를 받을 수 있다는 것이다. 한 학기당 학교에 직접 출석하는 경우는 시험보는 날, 중간고사와 기말고사 날, 두 번에다가 본인이 선택에 따라서 출석 수업을 받기 위해서 출석하는 날 외로는 주로 재택강의로 이루어진다. 인터넷 강의 자체도 본인의 사정에 맞게 진도를 조절할 수도 있고 아무 시간에도 강의를 들을 수 있다.

나의 경우는 중간 중간에 남는 자투리 시간들이 많아서 한 동안 고민했었는데, 방송대 등록하고 나서는 일거에 해결할 수 있었다. 방송대에는 23개 학과나 되는 많은 학과가 있어서 본인의 취향에 맞게 학과를 선택할 수 있다. 입학방식으로는 일학년 입학도 가능하고, 2학년 또는 3학년 편입도 가능하다. 한 가지 명심해야 할 점은 방송대 강의는 학교에 가지 않아도 되는 좋은 점은 있으나, 집에서 본인이 계획을 잡고 열심히 강의를 찾아서 들어야 한다. 독학 스타일이므로 하루 한 시간 내지 두 시간 정도는 반드시 시간을 내서 자신이 정한 학업 스케줄을 따라야 한다는 점이다. 시간은 금방 지나가므로 어영부영하다 보면 어느덧 중간고사가 다가오고 교과서 강의를 듣기에는 시간이 부족하여서 하는 수 없이 기출문제만 풀어보고 시험을 보면 점수가 낮게 나와서 중도에 포기해 버리는 경우가 종종 있어왔다. 등록금이 타 대학보다 현저히 저렴해서 요즘 보통 한 학기에 30만원에서 35만원 사이이다. 그리고 장학제도도 잘 되어 있어서 장학금을 받으면서 학업을 이어갈 수도 있다. 자신이 평소에 관심을 갖고 있었지만 실제로 다녀보지 못한 학과라거나 앞으로 자신의 일과 크게 관련된 학과를 선택하는 것도 좋은 방법이다. 나의 경우는 이과계 공부에 진력이 나서 문과계 쪽을 선택하여 어학과 문학을 함께 배우고 있다. 또한 졸업한 다음의 진로는 나의 경우는 특별한 목표가 있는 것이 아니고 공부하는 그 자체가 즐겁고 더 많이 알아간다는 점이 나를 더 성숙시킨다고 여겨져서 좋다고 생각한다. 더욱이 방송대는 대학원하고도 연결되어 있어서 학부 공부를 마치고 대학원에 진학할 수도 있다. 입학생 중에는 고등학교를 갓 졸업한 경우도 있고, 이미 대학 공부를 마치고 새로운 학과에서 공부하려는 경우, 아이들을 어느 정도 키우고 시간적인 여유가 생긴 주부들, 직장에 다니면서 부가적인 정보를 더 취득하고자 하는 경우도 많은 것으로 알고 있다.

바야흐로 빠르게 흘러가는 시간 속에서 하루하루를 알차고 보람 있게 지내기 위해서도 방송대는 좋은 해결책이 될 수 있을 것 같아서 소개를 드리는 바이다.

평생교육에 대한 제언

세상이 빠르게 변하고, 우리가 쫓아다니기에 버거운 지경에 이르렀다. 선인이 이르길 평생 배워도 모자라서 죽는 순간까지 배워야 한다고 하였다. 오늘날처럼 빠르게 변하는 세상에 적응하기 위해서라도 우리는 부지런히 배워야 한다. 핸드폰이 새로 출시되면 머지않아 업그레이드가 이뤄지고 다양한 사용방법은 공부하지 않으면 그대로 썩혀둬야 한다. 실제로 필요한 부분만 배워서 사용하는 것이 현실이지만 그래도 조금만 더 노력한다면 더 편리하게 사용할 수 있게 된다.

평생교육의 개념을 한 마디로 정의하기는 매우 어려운 측면이 있다. 우리나라의 평생교육법에서는 학교의 정규교육과정을 평생교육의 범주에서 제외시키고 사회교육활동에서 나타나는 조직적 교육, 좀 더 엄밀하게 말하면 비형식적 교육을 평생교육으로 정의하고 있는 것이다. 반면에 다른 학자는 평생교육의 개념을 보다 더 확대된 개념으로 정의하고 있다. "평생교육은 한 개인이 태어나서 죽기 전까지의 수직적 통합과, 가정과 학교를 포함한 모든 생활공간의 수평적 통합을 통하여 언제, 어디서나 필요한 때 자신의 학습욕구를 충족시킬 수 있는 형식적 · 비형식적 · 무형식적 교육활동이다." 평생교육의 개념은 학자에 따라 다양한 개념적 정의를 내리고 있다. 최근에 와서는 평생교육을 평생학습이란 용어와 대비하거나 대체하여 사용하는 경우도 많은 것으로 나타나고 있다. 평생교육이란 유네스코에서 제창한 개념으로 이는 전통적인 학교교육에 대한 비판으로부터 시작되었다. 사회의 급격한 변화에 대응하기 위해서는 평생에 걸쳐 학습을 계속하지 않으면 안 되었기 때문이다.

필자는 우연한 기회에 국립방송통신대학교(이하 방송대)에 다니기 시작하면서 15년간 공부를 지속해 오고 있다. 방송대학에는 평생학습사회를 22개의 다양한 학과가 있어서 한 학과를 마치면 다른 학과에 입학하는 방식으로 다섯 학과를 졸업하고 지금은 여섯 번째 학과를 다니고 있다. 얼핏 듣기에는 대단하다고 할 수도 있겠지만 그다지 어렵지 않았다. 한 학기에 보통 여섯 과목씩을 이수하고 시험을 봐서 통과하면 18학점을 받게 된다. 한 학기 넉 달 동안 일주일에 닷새간 한두 시간씩 공부를 한다고 가정하면 넉넉하게 학습할 수 있게 되고 졸업도 가능해진다. 교육방식은 인터넷을 통한 방송강의로 이뤄지므로 대학에 직접 나가지 않고 편한 시간에 컴퓨터 앞에 앉아서 편안하게 수강하면 된다. 방송대 입학은 비교적 쉽게 가능하지만, 졸업은 학점을 이수해야 하기 때문에 열심히 공부하지 않으면 어려워진다. 바쁜 직장인들은 오로지 공부만 부지런히 하면 충분히 주어진 기간 내에 졸업이 가능하고, 시간이 넉넉하다면 학교에 나가서 학우들과 스터디 그룹을 만들어 함께 공부하는 방법도 있다.

비단 방송대뿐만 아니고 다른 학습기관을 통하여 또는 스스로 자기가 원하는 공부를 자의적으로 할 수 있는 세상이 되었고, 그렇게 함으로써 자신의 품격을 높이는 것도 즐거운 일이 될 것이다. 젊은 시절 자신의 전공을 마치는데 급급하여 배우고 싶었던 학과에 미련이 남았다든가 인생의 남은 시간을 더욱 보람차게 보내고 싶다면 지속적으로 공부하는 것을 권하고 싶고, 방송대가 평생교육 또는 평생학습의 한 방법이 될 수 있다고 믿고 있다.

평생학습사회를 위해

현대사회는 급격히 변화하고 있으며, 수많은 정보가 매스미디어를 통하여 대량으로 전달되고 있다. 이런 정보의 홍수 시대에 적응하고 살아가기 위해서는 평소의 의무교육만으로는 부족하여 졸업 후에도 꾸준히 배우고 공부하는 자세가 필요하다.

우연한 기회에 국립방송대학교(이하 방송대)를 만나고, 일본학과에 발을 들여놓고부터는 13년간 계속하여 여러 학과를 입학하고 졸업하는 방법으로 학습을 이어나가고 있으며 또한 만족하고 있다.

필자는 생업 중간 중간에 자투리 시간들이 많아서 어떻게 능률적으로 보낼까 한 동안 고민했었는데, 방송대에 등록하고 나서는 그 고민을 한꺼번에 해결할 수 있었다. 필자의 경우는 이과계 공부에 진력이 나서 문과계 쪽을 일부러 선택하여 어학과 문학을 함께 배우고 있다. 학부를 졸업한 뒤의 그 진로에 특별한 목표가 있는 것이 아니고 공부하는 그 자체가 즐겁고 더 많이 알아간다는 점과 자신을 더 성숙시켜준다고 여겨져서 좋다고 생각한다. 인터넷을 통하여 강의를 받고 한 학기당 두 번 학교에 출석하여 중간과 기말 시험을 치르면 한 학기가 훌쩍 지나가게 된다.

방송대의 장점을 들라면 우선 생업과 충돌하지 않는다는 것이다. 둘째로 수업 방식이 주로 인터넷을 통하여 이루어지기 때문에 조금만 노력해서 하루 한두 시간 정도면 충분히 강의를 받을 수 있다는 것이다. 게다가 등록금이 타 대학보다 현저히 낮아서 요즘 보통 한 학기에 30

만~35만원 사이다. 그리고 장학제도도 잘 갖추어져 있어서 장학금을 받으면서 학업을 이어갈 수도 있다. 한 학기당 학교에 직접 출석하는 경우는 시험 보는 날, 중간고사와 기말고사 날 두 번에다 본인의 선택에 따라서 출석 수업을 받기 위해서 출석하는 날 외에는 모두 재택강의로 이루어진다. 인터넷 강의 자체도 본인의 사정에 맞게 진도를 조절할 수도 있고, 하루 중 어느 시간에도 영상 강의를 들을 수 있다. 그리고 방송대에는 23개나 되는 많은 학과가 있어서 본인의 취향에 맞게 학과를 선택할 수 있다. 입학방식으로는 1학년 입학도 가능하고, 2학년 또는 3학년 편입도 가능하다. 자신이 평소에 관심을 갖고 있었지만 실제로 공부해 보지 못한 학과라거나 앞으로 자신의 일과 관련된 학과를 선택하는 것도 좋은 방법이다. 더욱이 방송대는 졸업 후 대학원과도 연계되어 있어서 학부 공부를 마치고 대학원에 진학할 수도 있다는 좋은 점도 있다. 그래서 입학생 중에는 고등학교를 갓 졸업한 경우도 있고, 이미 대학 공부를 마치고 새로운 학과에서 공부하려는 경우, 아이들을 어느 정도 키우고 시간적인 여유가 생긴 주부들, 직장에 다니면서 부가적인 정보를 얻거나 자격을 더 취득하고자 하는 경우도 많은 것으로 알고 있다.

방송대에서 공부하면서 한 가지 명심해야 할 점은 본인이 스스로 계획을 짜고 강의를 찾아서 들어야 한다는 것이다. 다른 말로 완전 독학 스타일이라는 것이다. 그래서 하루 한 시간 내지 두 시간 정도는 반드시 짬을 내서 자신이 정한 학업 스케줄을 따라야 좋은 결과를 얻을 수 있다. 시간은 금방 지나가므로 우물쭈물 하다 보면 중간고사가 코앞에 닥치고 교과서 강의를 듣기에는 시간이 부족하다고 생각하여서 기출문제만 풀어보고 시험에 임하면 점수가 낮게 나와서 중도에 학업을 포기해 버리는 경우가 종종 있어왔기 때문이다. 모름지기 빠르게 흘러가는 시간 속에서 하루하루를 알차고 보람 있게 지내기 위해서도, 평생 학습의 꿈을 실현하는 데에도 방송대가 훌륭한 답안이 될 수 있을 것 같다는 생각이다.

방송대, 중독성이 강한 대학

안녕하십니까?

이 년 전 울림지에 기고하였을 때는 중문과 이학년 편입 새내기였는데 어느덧 한 학기 지나면 졸업을 해야 하게 되었습니다. 시간이 참 빠르게 지난다는 느낌입니다. 편입하여 초반에 힘들었고 지금도 완벽하지는 않지만 중국어 성조도 조금은 틀이 잡혀, 한자로만 써있는 문장을 떠듬거리며 소리 내어 읽을 정도로 진보하였습니다.

두 해 동안 변화도 많았습니다. 큰 변화는 무엇보다 제가 학회를 책임지게 되었다는 일일 것입니다. 매년 학년이 올라오면서 같은 학년의 학우들이 점점 줄어들어서 급기야 사학년에 올라오자 남학생은 혼자 남게 되니, 여자 학우들이 입을 모아 학회장을 맡아주기를 부탁하게 되자, 고민에 빠지게 되었습니다. 공부만 하라면 잘 할 수 있을 것 같은데 학회장을 맡아달라니? 결론은 제가 맡기로 하였는데, 누군가는 학회 일을 맡아야 하고, 여러 해 동안 나는 안 맡았었지만 누군가가 맡아서 자질구레한 일을 해 주었기에 학과일과 행사가 돌아갈 수 있었던 것을 알게 되었고 이 기회에 그 동안 빚진 것도 갚고 싶다는 생각이 들었기 때문입니다.

처음에는 학회일이라고 해서 중문과만 신경 쓰면 되는 줄 알았는데 총학생회에서 운영위원 회의에 학회장이 참석해야 한다고 해서 참석하여, 다른 학과 학회장들과도 서로 인사하고 회의에 참석하다 보니 소요되는 시간이 많다는 것을 알게 되었습니다. 학과행사로는 신입생 오리엔테이션, 엠티, 일일호프, 출석수업 등의 도내 행사와 전국 회장단 회의, 어학캠프 등의 전국 행사며, 총학에서 실시하는 제우축전, 운영위원 회의 등에 참석하면서 많은 학우들과 만나게 되면서, 방송대의 다른 새로운 모습을 경험하게 되었습니다. 기억에 남는 일로는 계룡산 전국 회장단 회의 참석하려 토요일 늦게 어렵사리 도착하여 전국 학우들과 계룡산을 등반하였던 일이며, 어학캠프에서 포항 사는 제주가 고향인 학우를 만나서 반가워했던 일, 출석수업 다음 날 교수님과 근 이십 년 만에 한라산 정상까지 힘들게 올랐던 일이고, 개인적으로 아쉬웠던 일은 중국으로 교수님들과 문학기행이며 어학연수를 갈 기회가 있었음에도 생업과 관련되어 포기해야 했던 일입니다. 총학행사로는 운영위원 회의와 제우체전이 있어 같이 참가 하였는데, 체전은 참석자는 많지 않았지만 그 열기만큼은 다른 어떤 행사 못지않게 뜨거웠습니다.

다시 돌아와서, 저는 많은 일반 학우들이 이러한 여러 행사가 있다는 것조차 모른다는 사실이 아주 안타까웠습니다. 물론 직장에 다니면서 또는 주부로서 여러 가지 일을 병행하면서 학교와 학과 행사까지 참석해 주기를 바랄 수는 없겠지요. 저 역시 항상 생업이 우선이라고 생각하면서 학업에 임하기에 쉽게 이해할 수는 있습니다. 방송대 생활뿐만 아니고 사회생활도 그렇다고 생각합니다. 아무리 좋고 즐거운 일이나 행사가 있어도 자신이 몸을 움직여 적극적으로 취하려고 노력하지 않는 다면 결코 달디 단 열매를 먹을 수 없는 법입니다. 저는 평생학습의 한 방법으로 기회가 되는대로 방송대 입학을 권유해오고 있지만, 지금 재학 중인 학우와 거쳐 간 학우 말고 누가 맛있는 열매를 먹을 수 있을까요?

이제 일 학기 기말시험이 끝나고 모처럼의 방학입니다. 저는 방학기간을 이용하여 난생처음 중국으로 학우들과 같이 졸업여행을 계획하고 있습니다. 분명 소중한 추억이 될 것입니다. 다음 학기에는 중요한 전국 어학경시대회가 기다리고 있지만 그것은 여행 후에 생각하기로 하겠습니다. 학우 여러분도 여름방학을 기력 재충전의 기회로 삼아 보람차게 보내길 바랍니다.

2009년 7월 8일 중문학과 학회장 성 대림

방송대 학생으로 6년차

대학을 졸업하고도 무려 20여 년 만에, 또 하나의 대학, 방송대의 문을 두드렸다. 처음엔 일본학과 삼 학년에 편입하여 2년, 이어서 국문학과 이 학년으로 편입하여 3년을 보냈다. 그리고 다시, 지천명의 나이로 올해 중문학과 이 학년에 편입하였으니 햇수로는 방송대 학생으로 6년차가 되는 셈이다.

사실, 일본어는 일반대학에 다니던 시절에 조금은 공부를 했었다. 그러나 학과공부와의 병행이 너무 힘들어 잠시 접어두고 있었던 것이었다. 운명이었을까? 그 접어두었던 일본어를 알아야겠다는 강렬한 욕구가 다시 생겨났던 건, 2002년 요코하마에 2주 동안 직업 연수를 받으러 갔다 오면서이다. 아주 우연히, 방송대의 입학 권유에서 직장을 유지하면서도 공부를 할 수 있다는 데에 힌트를 얻었다. 이렇게 나의 일본학과에 입학하게 된 동기는 부여되었다.

다시 학원에 다니면서 부족한 일본어를 다듬고, 공부를 재개하게 된 나는 물을 만난 고기처럼 신이 났다. 다른 과목도 소홀히 할 수 없는지라 고전분투 하면서도 일본어 터득에 날 가는 줄을 몰랐고, 오래전에 공부했던 자연계와는 비교할 수 없는 흥미로움에 완전히 매료되었다. 20여 년 전에 따 두었던 일본어 능력시험 2급에서 일급으로 상향하고 싶은 욕심이 더하여졌다. 다시 학과공부와 학원을 병행하며 피곤함도 모르고 점점 더 학생의 신분에 몰입되어갔다. 첫해는 일급 능력시험에 실패하였지만 다음해에 합격하는 영광을 얻어냈다. 이어서 JPT라는 새로운 일본어 시험에 도전하여 800점대까지의 획득과 함께 졸업하면서 고민이 생겼다. 평소 중국어에 대한 관심으로 전에 6개월 정도 학원에서 공부한 적이 있었는데, 다시 중국어와 일본어를 병행한다면 혼란이 생길 것만 같았던 것이다.

도저히 안 될 것 같아, 시간을 벌리라는 심산으로 선택한 것이 국문학과였다. 여유를 가지고 공부할 요량으로 이 학년에 편입하였는데 전혀 새로운 상황을 맞이하게 되었다. 국문학이란 세계가 재미있는 것은 두말할 필요도 없었지만 학우들과의 친교가 바로 그것이었다. 일본학과에 다니면서 전혀 경험하지 못하였던 부분이었다. 경이로 다가오는 새로운 맛을 알아가며 학교와 학과 행사에 적극적으로 변해가는 자신을 발견했다.

잠시 쉬어가려던 내 계획은 차질을 빚게 되었지만 더더욱 학과 공부와 행사에 빠져들게 되었다. 돌이켜 생각해도 잊을 수 없는 것은 시화전이었다. 초등학교 시절 방학 숙제로 써보고는 처음인데, 시를 써서 출품하라는 부탁이 아닌 명령을 받고는 참으로 난감하였다. 고민하다가, 그래도 조금은 시를 안다는 친구의 도움을 얻었다. 반은 쓰고 반은 지도받고, 나름의 고민이 대충 포장되어 첫 번째의 시화전을 넘겼다. 시화전은 다음해에도 이어졌다. 두 번씩이나 부탁할 염치가 없어 하는 수 없이 직접 써보기로 마음을 다졌다. 마감일 하루를 남기고, 어릴 적 이호에서 내 성장의 근원이 되었던 경험을 바탕으로 '해수욕장'이라는 자작시를 만들어냈다.

그게 효시가 되어 나름대로 자신감을 얻게 되면서 틈틈이 떠오르는 시상들을 마련된 시작 노트에 무작정 기록해 두었다. 어느 정도 정리하고는 초보자다운 용기로 한얼 카페에 올렸다. 누군가가 뭐라고, 기왕이면 잘했다고 공짜비행기 태워주길 기대하면서 지금도 뻔뻔하게 올리고 있다. 이렇게 시작된 나의 시작(詩作)은 창작의 참맛을 알게 되었고 그 과정에서 얻어내는 뿌듯함이야말로, 어쩌면 내가 국문과에 다니게 되었던 것이 우연이 아니고 필연이라는 생각도 들었다.

아쉬운 삼 년도 훌쩍 지나버리고 정든 국문과를 졸업하게 되었다. 이제 잠시 보류해 두었던 중원 진출을 위하여 중문과에 발을 내딛는 순간이다. 삼 학년으로의 편입을 생각하였는데 과목을 살펴보니 중국어가 만만치 않다. 주춤거리다가 이 학년으로 낮추고 보니, 반갑게도 국문과를 졸업한 한 학우가 같은 학년에 편입해 있었다. 최근 삼 주일간은 중국인 교수님의 발음 특강이 있었다. 일주일에 세 번, 퇴근하고 부랴부랴 학교로 향하는 차 안에서 동료와 함께 김밥으로 저녁을 대신하며 발음의 사성연습을 하고……. 우리는 '형설지공'이 아니고 '김밥지공'이라고 하면서 박장대소할 수 있는 동료가 있어 즐겁다. 새로운 학과에서, 익혀진 방송대의 학습을 바탕으로 멋들어진 또 하나의 학창시절이 이어질 예감이 든다. 물론, 방송대만이 지닌 매력을 나에게 가르쳐 준 이전의 두 개 학과 학우들과의 끈끈한 정을 결코 잊지 못할 것이다. 여담이지만, 두 학과를 졸업하면서 성적우수상으로 받은 방송대 로고가 새겨진 시계 두 개를 기념의 징표인양 소중히 간직하고 있다. 앞으로 삼 년 뒤, 다시 한 개를 보태놓을 욕심도 부려본다면 지나친 것일까? 중문학과를 졸업하게 되면 팔 년이라는 세월을 방송대와 같이 지내게 된다. 어쩌다 우연하게 발을 들여 놓은 방송대, 내 삶에 또 하나의 의미 있는 생을 만들어 주었다. 이 어찌 보람이라 하지 않을 수 있겠는가? 내가 알고 있는 사람들에게 방송대 입학을 권유한 적이 있지만 지금도 그 상황은 변함이 없다. 직업, 나이, 성별을 불문하고 평생학습의 장으로서 방송대를 모든 이에게 적극적으로 권하고 싶다.

"꿈과 열정이 있고 공부하는 사람은 언제나 청춘이다."

중문학과 학회장직을 수락하면서

학우여러분!

새해에 중문학과 학회장을 맡기로 한, 내년에 사학년으로 올라가는 성대림이라는 사람입니다. 사실은 제가 마음에 내켜서 하는 일은 아닐지라도 일단 맡기로 결심한 이상 저는 적극적으로 회장직을 수행해 나가려 합니다. '피할 수 없다면 즐겨라!'는 말도 있듯이 이왕 할 바에는 신명나게 해나가고픈 것이 저의 솔직한 심정입니다.

저는 지금 방송대를 올해로 팔 년째 다니고 있어서 방송대의 장단점과 취약점을 비교적 소상하게 파악, 이해하고 있다고 생각합니다. 처음 번 학과에서는 그저 학과공부만 했었고, 두 번째 학과에서는 소극적으로 학과 활동에 참가하였고, 지금의 중문과에서는 비교적 적극적으로 참여하고 있습니다. 물론 공부만을 하려고 한다면 학과 활동은 오히려 거추장스럽고 귀찮기조차도 할 것입니다. 그러나 주변을 조금만 더 넓게 둘러본다면 방송대는 그 특성상 누군가의 도움 내지는 자원 활동이 당연히 필요한 대학입니다. 학교 측에서 성의껏 반대급부를 제공하고 있지만, 학생회 임원들이 하는 일에 비하면 상당히 약소하다고 생각합니다. 저는 그 대가를 더 올려달라는 말은 결코 아니고, 자원적인 활동의 가치가 크다는 말을 하고 싶은 것입니다. 그래서 학회 일에 참여하는 학우들에게는 우리가 조금이라도 감사하는 마음을 가져야 하는 것은 어쩌면 당연하다고 생각합니다. 그런 감사하는 마음의 일환으로 저희 학회에서 주관하는 일에 가급적 많이 참석해주고 학교

행사에 조금이라도 더 자주 참여해서 우리들의 자존심도 높이고 대학 생활에 대한 보람도 더 키울 수 있다면 더욱 좋은 일이 아니겠습니까? 저는 바쁜 가운데서도 각자의 임무를 서슴없이 맡아주신 임원 학우님들에게 진심으로 감사한 마음을 전합니다. 자신의 학과 공부뿐만 아니고 가정의 일 내지는 직장 일을 하면서 학회 일도 같이 수행하여야 하는 학우들에게 어떤 때는 부탁하는 그 자체가 미안하고 죄송할 때도 생길 수 있습니다. 말이 나온 김에, 직장 일에 관해서는 저는 분명히 선을 긋고 싶습니다. 직장 일에 피해를 주면서까지 학과 일을 부탁하는 일은 절대로 없을 것입니다. 왜냐하면 저는 늘 '먹고 사는 일이 모든 일에 앞선다.' 고 생각하기 때문입니다. 학회일 뿐만 아니고 회식이나 다른 행사가 있을 때도 사정을 말씀해 주시면 무리하게 참석해달라고 부탁하지는 않겠습니다.

앞으로 가장 중요한 것은 학우님들이 참가해주는 일인데, 일 년 동안에 학과에서 주관하는 일들이 몇 가지 있습니다. 생각나는 대로 졸업식, 신입생 환영회, 엠티, 출석수업 그리고 중국어 경연대회 등입니다. 학우님들의 참여가 저조해지면 물론 저희들이 심리적으로 기가 죽겠지만 실제로도 일손이 모자라서 행사를 제대로 진행시킬 수가 없기 때문입니다. 자신이 조금 힘들어도 같이 공부하는 학우들에게 자존심도 세워주고 중문학과의 위상도 올릴 수 있다면 좋은 일이 아니겠습니까?

다시 한 번 학우님들이 저희 중문학과에 사랑과 배려를 베풀어주시어서 많이 참석해주신다면 저희 임원들도 신명이 나고, 학과 동지들과 함께 나눈 즐거운 학창시절 추억으로 길이 남을 것이라 단언합니다.

중문학과 카페는 저희 학회 내부사정상 작년에 새로 만들어져서 이제 돌을 맞이하려 합니다. 학우님들은 내키지 않으시면 로그인해서 그냥 들렀다만 가도 좋겠습니다. 가급적 좋은 자료를 올려서 학우님들의 시험공부에 좋은 도움이 되도록 애쓰겠습니다. 연락 사항은 카페 게시판과 개인 연락처 그리고 카페 단체 메일로 하도록 하겠습니다. 카페 또는 학회의 발전에 대한 사항이나 건의 사항이 있으시면 게시판에 올려주시면 더 나은 방향으로 해결해 나가도록 하겠습니다.

저의 개인적인 생각입니다만 우리 학과를 제대로 공부하고 졸업하시게 되면 중국어 실력은 전국 어디에 내놓더라도 결코 뒤지지 않으리라 확신합니다. 아마도 중국어 공부에서 제일 어려운 것이 성조인데, 저는 학년이 올라갈수록 점점 자신이 붙고, 졸업할 때쯤이면 자유롭게 중국어를 구사할 수 있다는 자신이 듭니다.

아무쪼록 학우님들 가정에 건강과 행운이 늘 함께 하기를 기원합니다.

전날 꿈을 꾸었다

출발 전날 꿈을 꾸었다. 잔치가 벌어졌는데 아마도 결혼식 같은데 신랑과 신부의 부친이 나를 초청하였다. 신랑 부친은 낯익은 얼굴이었지만 신부 부친은 생소하였다. 초청에 허락하고 나니 나는 기분이 아주 좋아졌다.

토요일 오후 일을 마치고 마침 총학 신구임원 이 · 취임식이 제주지역 대학에서 있어서 한 시간 가량 참석했다가 서둘러 공항으로 달려가 대기 중이던 손 영한 학우와 같이 비행기를 탔다. 과연 우리는 계룡산까지 잘 도착할 수 있을까 걱정이 되었다. 일곱 시 반 비행기라서 도착하면 여덟시 반 한 시간을 달린다 해도 아홉시 반이다. 열시까지 도착을 목표로 출발했지만 출발부터 비행기가 많아서 이륙이 십 분여 정도 지체되어버렸다.

택시를 잡아타고 행선지를 알려주니 내비게이션을 켜자 노선이 잡히면서 달리기 시작하여 오십분 정도 지나니 목적지인 계룡 그린 텔에 도착하였다. 가는 중에 기사분과 이런 저런 이야기 하면서 친구 중에 한자 사범 합격한 친구가 있는데 집에서 학원을 차려준다고 해도 싫다고 그냥 택시만 몰고 있다고 웃는다. 요즘은 절 근처가 번화해졌다는 이야기며 동학사가 경치가 아주 그만이라는 이야기 등을 들려주었다. 요금을 보니 칠만 이천여 원이니 칠만 원만 달라고 한다. 거의 제주-청주 간 비행기 요금이다.

전국 학회장들은 이층 방에서 김성곤 학과장님과 회의를 하고 있었고, 나머지 간부 임원들은 일층에서 식사 마치고 술 마시면서 노래 부르며 여흥을 즐기고 있었다. 고픈 배를 움켜쥐고 학회장 회의에 참석하였는데 시간이 많이 걸렸다. 그도 그럴 것이 각 지역마다 다른 상황과 대처방법으로 인해서 각 지역의 상황을 들으려고 하니 길어지는 것 같았다. 중간에 내려가서 제주 공항에서 준비해 온 고소리 술과 오메기 술을 들고 올라와서 교수님과 전국 회장님들에게 대접하였다. 네 시간 정도 회의를 마치니 아래층서 기다리던 임원들과 같이 여흥의 시간이 시작되었다. 전국에서 모인 사람들이 저마다의 개성을 가진 목소리로 한곡씩 하면서 시간 가는 줄 모르고 지냈다. 경북 팀의 여성 삼인조 백댄서는 공연 내내 활약했는데 일산분란하게 움직이는 동작이 아주 멋지고 인상적이었다. 중간에 교수님이 곱슬머리에 바바리코트 차람으로 들어오셔서 노래 두 곡을 연이어 부르셨다. 첫 곡은 '젊은 그대'를 신나게 부르시기에 모두 무대로 나가서 나이든 그대도 있었지만 힘차게 흔들었다. 다음 곡은 '한계령'인데 여자 키로 그대로 놓고 불렀는데 가늘고 높게 이어지는 노랫가락에 넋을 잃고 감상하였다. 무대를 숙소로 바꾸어서 각 방별로 모여서 술 마시면서 이야기를 하는데 무슨 할 말들이 그렇게 많은지 새벽 다섯 시경에 파하고 잠을 자두었다. 열 명 정도가 같이 자는데 왜 그리 시끄럽게 자는지 그야말로 천정이 들썩이고 창문이 벌렁벌렁하였다.

비몽사몽의 밤을 지새우고 아침에 일어나서 콩나물 북어 해장국으로 밤새 시달린 속을 달래고 전국 회의를 종료하는데 교수님이 한시를 지으셨다고 칠판에다 적으시고 해설까지, 그리고 중국어 버전으로 낭송까지 해주셨는데 모두들 감탄해 마지않았다.

[全國會長鷄龍集飮]
四海群俊靑眼來 鷄龍春色自玆開
淸風越嶺醒巖佛 細柳佳人傾綠杯

[전국회장단 계룡산 회의]
전국의 멋진 젊은이들이 모여들어서,
계룡산의 봄은 바야흐로 지금부터 시작되고,
맑은 바람이 고개 넘어 바위에 새겨진 부처 깨우고,
가냘픈 미녀가 푸른 잔을 기울이노라.

오전 열 시 경에 계룡산 등반을 시작하여 목적지를 남매 탑까지 정하고는 두 시간 사십분 정도를 걸었다. 육지의 산은 아무래도 한라산보다는 경사가 가파르고 길도 바위와 진흙이 번갈아 있어서 오르는데 힘들었고 내려올 때도 더 어려운 것 같았다. 한라산도 좀처럼 가지 않은 내가 운동화에 청바지 차림으로 계룡산을 오르게 될 줄이야.

동학사 쪽으로 내려오면서 입구에 있는 남원식당에서 점심으로 비빔밥을 시켜 놓고 파전에다 소주를 마시면서 학우들과의 송별식을 간소하게 치르고는 경기 팀에서 공항까지 바래다준다고 하니 얻어 타고 공항으로 달려갔다. 여섯시 출발이라 시간이 두어 시간 남아서 좀 쉬려고 하는데 교수님이 전화가 걸려왔는데 도무지 마음이 편하지 않다면서, 서울 팀과 같이 술과 안주를 사가지고 오신다는 것이었다. '안 그래도 좋은데' 하고 속으로 생각하였지만 제주 팀을 배려해주시는 마음이 우리를 감동시켰다. 청주 공항 곁에 있는 잔디밭에 가서 고인돌처럼 생긴 돌 위에 잔뜩 사온 소주와 맥주, 마른안주를 풀어놓고는 이런 저런 한시, 중국어 이야기며 학교 이야기를 나누며 아쉽고 감동적인 송별연을 이차로 하였다. 교수님은 오후에 사모님과 교회에 가기로 했었는데 우리 때문에 차질이 생겨서 걱정된다고 했더니 집에 가서 잘 하면 된다고 웃으신다.

아마도 잊지 못할 추억거리를 하나 만들어주신 것은 확실하다. 제주 공항에 일곱 시경에 내리니 바로 어제 출발한 그 시간이었다. 달라진 것은 일월 달에 출발하고 이월 달에 도착한 것, 계룡산 등반한 것과 마음씨 좋은 교수님과 전국 학우님들을 만났다는 즐거운 기억이 새로이 남았다는 것이었다.

김성곤 학과장님, 전국 중문과 학우님, 대단히 감사합니다.

준비된 화인(火印) 하나

안녕하십니까, 2년 전 울림지에 기고하였을 때만 해도 중문과 이 학년에 편입한 새내기였는데 벌써 한 학기만 지나면 졸업하게 되었습니다. 편입하면서 초반에는 힘이 들었지만, 지금은 중국어 성조도 그나마 틀이 잡혀 한자로만 쓰여 있는 문장을 떠듬거릴지라도 소리 내어 읽을 정도로 진보하였습니다.

세월이 살 같다는 그 말이 실감 나는 순간, 제가 학회를 책임지게 되었다는 사실은 무엇보다 큰 변화가 아닌가 싶습니다. 같이 입학했던 학우들이 해를 거듭할수록 줄어들면서 4학년에 올라오자 급기야 남학생은 혼자 남게 되었고, 여자 학우들로부터 학회장 자리를 부탁받게 되었습니다. 공부만 하라면 잘할 수 있을 것 같은데 학회장을 맡아달라니, 아무리 고민하여봤자 결론은 하나였습니다. 헤어날 수 없는, 아니 헤어나고 싶지 않았던 7년이란 세월 동안 누군가는 학회장 자리에 앉아 자질구레한 일까지 도맡아 해 주었습니다. 그 누군가의 그런 노고 덕분에 모든 게 원활하게 흘러간다는 사실을 알고 있기에, 이 기회를 빌려 보답하고 싶다는 생각도 들었습니다. 학회 일이라고 하여 처음에는 중문과만 신경 쓰면 되는 줄 알았는데 그것은 착각이었습니다. 학과 행사로는 신입생 오리엔테이션, 엠티, 일일호프, 출석수업 등 도내 행사 외에도 전국 회장단 회의, 어학캠프 등 전국 행사도 있었습니다. 게다가 다른 학과 학회장들과 교류도 나눠야 했고 총학에서 실시하는 제우축전, 운영위원 회의 등에도 참석하여야 했습니다. 당연히 그냥 학교 다니면서 공부만 한다는 것보다는 몇 배의 시간이 필요했습니다. 이렇게 쪼개고 쪼개는 바쁜 시간과 함께 더 많은 학우와 만나게 되었고, 거기서 7년 동안 미처 보지 못했던 방송대의 새로운 모습도 보았습니다. 토요일 늦게 전국회장단 회의에 참석하고자 어렵사리 도착하여 전국 학우들과 계룡산을 등반하였던 일은 두고두고 잊지 못할 추억이 될 것 같습니다. 어학캠프에서 제주가 고향인 포항 학우를 만나서 반가워하던 일, 출석수업 다음 날 교수님과 근 이십 년 만에 한라산 정상까지 힘들게 오르던 일까지 모두 말입니다. 하지만, 아쉬움도 많습니다. 문학 기행이며 어학연수로 교수님들과 모처럼 중국에 갈 기회가 있었음에도 생업과 관련되어 포기해야 했던 일은 개인적으로 너무 아쉬웠습니다. 총학행사 중 하나인 제우체전은, 비록 참석자는 많지 않았어도 그 열기만큼은 다른 어떤 행사 못지않게 뜨거웠기에 저에게 남은 아쉬움을 삭감시켜주기도 하였습니다. 다시 돌아와서, 학우 대부분이 방송대에 이렇게 많은 행사가 있다는 것조차 모른다는 사실이 너무 안타깝습니다. 물론, 직장에 다니면서 혹은 주부로서 병행하여야 할 일들이 많기에 모든 행사마다 참석해 주기를 바랄 수는 없겠지요. 저 역시 항상 생업이 우선이라고 생각하고 있기에 충분히 이해할 수는 있습니다. 하지만, 아무리 유쾌한 일이나 행사일지라도 취하고자 노력하지 않는다면 달디 단 열매는 결코 딸 수 없는 법입니다. 그것은 비단 방송대만이 아니라 사회생활도 마찬가지라고 생각합니다. 기회가 닿는 대로 주위에 평생학습의 한 방법으로 방송대 입학을 권유해오고 있지만, 지금 재학 중인 학우와 거쳐 간 학우 말고 누가 과연 이 맛있는 열매를 따 먹을 수 있을까요?

이제 일 학기 기말시험이 끝나고 조금은 여유를 부릴 수 있는 모처럼의 방학입니다. 이 방학기간에 저는 학우들과 졸업여행을 계획하고 있습니다. 난생처음 중국이란 땅을 밟게 된다는 설렘, 7년 동안 빠져 지낸 생활에 더 지독한 중독증을 갖다 줄지라도 이는 분명히 가슴에 화인 하나 새겨두게 될 쾌감입니다. 다음 학기에는 중요한 전국 어학경시대회가 기다리고 있습니다. 하지만, 그것은 여행 후에 생각하기로 하고 잠시 밀쳐두겠습니다. 학우 여러분, 여름방학을 기력 재충전의 기회로 삼아 보람찬 시간 보내시기 바랍니다.

2009년 7월 8일

중문학과 학회장 성 대림

풍성해지는 2-3-4 나무

- 성 대림(컴퓨터 과학과 수석 부회장) -

이진 나무, 흑적 나무, 2-3-4 나무, 알고리즘, 유비쿼터스 등등, 내가 원하던 과를 제대로 찾아온 걸까라는 의구심이 들었다. 컴퓨터 과학과가 아니고 임학과에 편입한 것은 아닐까 라고 자문하며 쓴 웃음을 지었던 일이 학기 초에 있었다. 몇 개월이 지나 이제 기말 시험이 임박한 지금은 어느 정도 학과 생활에 익숙해졌다. 전문 용어에도 많이 익숙해져서 대충은 의미도 알고 어느 정도 방향도 알 것 같기 때문이다. 상영 중인 영화관에 들어가서 잠시 기다려 주위 사물을 익혀가는 과정과 비슷할 것이다.

방송대와 인연을 이어가는 것도 금년이 9년째이니 내후년 영문학과에 편입할 때면 11년째가 될 것이다. 일본어에 관심이 많았던 나는 요코하마에 2주간의 의학 연수를 다녀오면서 2002년에 일본학과에 편입을 결심한 것을 계기로 지금은 방송대 사람으로 굳어져가고 앞으로도 수년간은 방송대 주변을 들락거리며 살아갈 것이다. 일본학과, 국문학과, 중문학과를 거치면서 많은 학우들과 귀한 인연을 쌓아가며 나름대로 보람도 있었다고 자부한다. 공부하는 것이 취미라고 한다면 많은 사람들이 동의하지 않겠지만 공부하면서 성취감도 얻을 수 있었고, 학문적인 부분 외에도 학과 활동을 하면서 평소에 얻기 힘든 소중한 경험들을 할 수 있었던 것 같다.

우리가 살면서 어디엔가 몰두할 수 있는 일이 있다면 얼마나 행복한 일일까? 사람이 태어나서 무슨 일을 하면서 지내는지 결국은 수명을 다하면, 천상병 시인이 말했듯 아름다운 소풍을 마치고 돌아가야 하는 것이 우리의 운명일 것이고, 소풍이 얼마나 즐겁고 소중하였던가 하는 것만이 남게 될 것이다. 이렇듯 원하는 대로 공부할 수 있는 공간을 마련해준 우리학교가 나에게는 고맙기 그지없는 것이다.

방송대 공부는 한 마디로 '독학'이라고 할 수 있다. 물론 우리 학교처럼 공부를 도와주는 학습 콘텐츠가 뛰어난 데는 없는 것으로 알고 있지만, 결국 공부는 하는 사람에게 그 열쇠를 쥐어주기 때문에 '외로운 공부'가 될 수밖에는 없는 것이다. 그렇지만 우리가 마음만 먹으면 공부가 쉬워지고 즐거워질 수 있다고 생각한다. 그것은 사람 사귀듯이 자주 만나는 것이다. 교과서와 방송 강의를 처음 대하면 누구나 그렇듯 어색하고 어렵기 그지없다. 당분간만 참고 어색한 만남을 유지해 나가면 어라! 진국이네, 하는 느낌이 들 것이고 점점 더 만나고 싶어지고 흥미를 갖게 될 것이고 방송대 생활이 점점 즐거워지게 될 것이다. 결론적으로 하루에 몇 시간씩은 꼭 책상에 앉아서 방송강의를 듣는 일에 습관을 들일 수만 있다면 그것이 성공적인 방송대 생활의 첫 걸음이라고 감히 주장하는 바이다.

학교 특성상 공부하는 패턴도 여러 가지이고 서로 그런 상황을 이해해줄 수도 있어야 한다. 내가 늘 주장하듯 '우선은 먹고 사는 일이다!'라고 생각한다. 우선순위에서 방송대 공부가 언제나 두 번째일 수밖엔 없는 이유인 것이다. 일본학과에 편입해서 공부할 때는 완전한 '독학'이었다. 학과 생활은 시험보고 학과 회비를 내는 정도가 전부여서 학우가 한 명도 없었다. 지금 생각하면 벗이 없었다는 것이 조금은 후회도 된다. 국문학과 시절에는 많이 진보하여 학우들도 많았고 학교생활이 더 풍성해졌고 부수적으로 글 쓰는 일도 취미로 가지게 되었던 것 같다. 중문학과에서는 학회장을 경험하면서 시야도 넓어졌고 더 많이 방송대를 이해하게 되었다.

학과 임원을 맡게 되면 학우들이 협조하지 않는다고 흔히 말하게 되지만, 그렇다고 불평할 일은 아니고 이해하면 될 일이다. 학우들마다 처한 입장이 다르기 때문이다. 그러나 학교생활을 몰라서 즐거운 행사에 동참할 수 없다면 이 또한 아쉬운 일이어서 적어도 학교생활에 대한 오리엔테이션은 충분히 필요하고 적극적으로 홍보하여 즐겁고 신나는 학과, 학교 활동을 함께 할 수 있도록 도와줘야 한다고 생각한다. 공부도 사람 나름이겠지만 나의 경우는 주어진 일을 가급적 깔끔하게 처리하는 편이라서 학과 공부도 최상은 아닐지라도 중간 정도의 성적을 유지하려고 애쓰고 또 운 좋게 그렇게 되고 있는 것 같다. 방송대 공부를 평생 교육의 좋은 방편으로 늘 생각하고 있으며 컴퓨터 과학과를 마치면 영문학과에 편입해서 공부할 계획까지는 잡혀있다. 이후는 그 때가 되어서 다시 결정하려고 한다. 혹시 나와 의견이 맞는 학우가 있다면 동행할 것을 강력히 권하고 싶다.

한얼지 발간 축사

설렘의 계절이 다시 찾아왔습니다. 이맘때가 되면 우리는 지난 시간을 정리하고 새로운 희망을 설정하여 더 나은 생활을 계획하려고 합니다. 지나버린 시간에 대한 아쉬움과 반성을 뒤로하고, 설령 실천이 불가능할지라도 장밋빛 설계를 합니다. 새로 맞는 일월 달은 예년의 한 달과 다를 바 없지만 그래도 새로운 의미를 부여하는 것도 같은 맥락에서일 것입니다. 세월이란 스프링처럼 생긴 구조로 되어서 같은 계절을 지나더라도 겹치지 않은 모습으로 새로운 의미를 부여하도록 일부러 만들어진 것입니다.

살아가면서 우리는 얼마나 많은 문장부호를 사용하는 것일까요? 한 해를 마치면서 또는 졸업하면서 반드시 찍고 가는 마침표며, 삶이 고단해지면 잠시 쉬어가는 쉼표, 슬프고 기쁜 일을 만나면 토해내는 느낌표, 할 말은 있어도 입 다물고 싶을 때 사용하는 말없음표 등등이 그런 예일 것입니다. 방송대 다니는 것 중의 좋은 점의 하나는 언제나 대문이 열려있다는 것입니다. 졸업이라는 마침표를 찍더라도 다시 편입학할 수 있는 길이 항상 열려있다는 것입니다. 또는 학업의 길이 힘들고 지칠 때는 잠시 쉬어가도록 언제든지 쉼표를 찍어도 됩니다. 결국 우리에게 마무리도 중요하지만 못지않게 살아가는 과정이 중요하다는 그런 의미는 아닐는지요.

지난 한해 총학생회장으로 나름대로 지역대학을 위해서 잘 하려고 애썼지만 결과는 그다지 만족하지 못합니다. 그렇지만 인간이 하는 일이 완전할 수 없고 부족함이 많긴 하였지만 그래도 열심히 노력하는 자체가 인간적인 모습이 아닐는지요. 흘러간 시간이란 잘했건 잘못했건 나름대로 의미가 있는 일이며 반성도 하고 수정도 하면서 자신을 성장시키는 중요한 요소일 것입니다.

저는 2004년 국문학과에 발을 들여놓은 이래로 '한얼지' 행사에 죽 참여하고 있으며, '한얼지'야말로 우리들에게 글 쓰는 중요한 계기를 만들어준다고 확신합니다. 더더욱 글이 초보인 학우에게 더없이 좋은 디딤돌 역할을 한다고 생각합니다. 잘 활용하여서 자신을 업그레이드 시키는 원동력으로 삼아야 할 것입니다.

끝으로 해마다 멋진 '한얼지'를 만들어내는 국문과 학우님들의 열정과 정성에 뜨거운 박수를 보내는 바입니다. 감사합니다.

최선을 다하자!

시간이 흘러가면 늘 그렇듯
세상은 새로운 사람들로 가득 차고
옛 사람들은 자연스럽게 사라진다.
방송대 학우들도 해마다 같은 체전을 치루지만
늘 새로운 사람들이다.
어느 공간에서처럼 꼭 같이
정든 사람과 헤어지고
다시 새로운 사람들과 사귀면서 살아간다.
이 좋은 시절,
나로호가 발사되고, 월드컵이 열리며
산과 들에는 가득 차다 못해
신록이 철철 넘쳐흐른다.
과거는 역사이고, 미래는 미스터리,
현재는 소중한 선물이라는 말이 있듯
Carpe Diem!
현세를 즐기라고 했던가?
방송대 학우님들이여!
오늘만큼은 힘든 일, 걱정스러운 일, 괴로운 일
모두 훌훌 벗어던지고
운동장에 모여 힘껏 뛰고 차면서
신명나게 하루를 즐길 일이다.

평설

[평설]

못 갖춘 마디로 부르는 노래

김 귀 희
(시인. 문학평론가. 문학박사)

Ⅰ. 들어가면서

성대림 수필가가 저서 『텅빈 하늘 아래』를 상재한다. 제주도에서 태어나고 서귀포에 거주하는 의사로 문단에는 먼저 시부문으로 등단하였고 이어 수필가로 등단하는 등 열정적인 문학인이다. 이번 수필집 원고를 통해 동분서주하는 그의 삶의 편린을 보면서 능동적으로 자신의 삶을 채워간다는 생각이 든다.

시, 즉 운문은 소리와 율격 그리고 이미지로 시인이 지닌 시적 영감을 짧고 강하게 표출하는 것이고 수필, 즉 산문은 어떤 상태나 생각에 대한 작가의 뜻을 진술하여 독자를 이끌어 가면서 동화시키는 작업이라고 범박하게 구분할 수 있다. 그러기에 산문은 뜻에 충실한 대화를 나누면서 함께 걸어가는 듯한 徒步와 같은 문학이라 한다. 또한 수필은 수필을 쓰는 이, 즉 '나'를 중심으로 하며 글쓴이는 심성과 시각을 따라가는 생활 전반의 이야기이다. 이런 생각을 바탕으로 하여 성대림 수필가의 글을 접해보기로 한다.

성대림 수필집 『텅빈 하늘 아래』의 배경에는 제주도 이호 출생으로 잠시 학업을 위해 제주를 떠난 것 외에는 강산이 여러번 변하도록 제주도 살이를 한 그의 개인사와 해방과 한국전쟁 이후의 시대를 견디고 겪으면서 지나온 한국역사가 짙게 드리우고 있다. 이런 정서를 뒷그림으로 하고 성대림 수필가의 이야기를 접하면 그가 겪어온 정서적 갈등에 공감하게 된다. 이것을 이번 『텅빈 하늘 아래』 의 특성으로 꼽는다.

글은 4부로 나뉘어져 있지만 2부의 이야기를 중심으로 보고자 한다. 성대림 수필가의 性情이 그의 삶과 사고의 근간이 되기 때문이다. 기실 성대림 수필가의 글에서는 2부 뿐 아니라 전편을 관통하고 있는 '근원에 대한 혼란감'을 느끼게 한다. 한 사람의 운명은 성격을 따라간다고 할 수 있다. 성격은 본인이 인지하지 못한 상태에서 무의식적으로 표출되는 행위이다. 프로이트의 연구처럼 현재의 삶은 내면에 자리하고 있는 생애 초기의 경험들의 영향을 받는다는 것을 긍정하면서 그의 글을 읽어 본다.

Ⅱ. 수필로 쓰는 자서전

1. 못 다한 고백

『텅빈 하늘 아래』는 초등학생 시절부터 현재에 이르기까지 그의 삶이 조각보처럼 잇대어있다. 여러편의 글에서 그는 때로 거칠게 때로는 큰 발자국을 남겨두었지만 대부분 개인의 정한이 덧입혀진 서정성이 강하다. 어떤 내용은 여러번 중복되는 것을 보면서 그의 일상 여기저기에서 불쑥 불쑥 솟구치는 그의 상실과 슬픔과 혼란의 무게를 이해하고자 한다.

그러므로 글을 통하여 동일한 상황으로 연상되는 그림이 고뇌의 깊이를 중첩하고 있음을 겪게 된다. 같은 상황이라도 다양하게 글을 쓴다는 것은 자신의 삶을 모든 각도에서 바라본다는 몽테뉴의 관점과 경험적 토로라고 할 수 있다.

성대림 수필가에게서 가장 당혹했던 사건은 초등학교 입학식을 치르고 두어달 뒤 불과 일곱 살에 닥친 어머니와의 생이별이다. 사전에 아무 언질도 없이 어린 성대림이 학교에 갔다오는 사이 집을 떠나려고 했던 어머니와 우연히 마주치면서 이야기는 시작된다. 성대림 수필가는 자신의 생부와도 고등학교 1학년이 되는해 조부의 소상으로 일본에서 건너오신 아버지와 처음 만났다고 한다. 그의 아버지는 성대림 수필가의 유년의 기억에도 떠 올릴 수 없는 더 앞선 시기에 생계를 위해 일본으로 건너 가셨다. 그러므로 일곱 살 때 까지 같이 살던 어머니는 어린 성대림 수필가에게 하늘 전부였고 온 세계였을 것이다. 그런 어머니와 갑자기 자신을 버려두고 일본으로 가버렸으니 그 상실감은 성대림 수필가의 생애 전반에서 그를 좌절하게도 하고 또는 도전하는 오기가 되기도 했을 것이다.

그날은 초등학교 입학식을 치루고 두어 달 지난 봄날이었으며, 여느 날처럼 학교를 마치고 집으로 돌아오는 길이었다. 하굣길에서 마침 길 떠나는 어머니와 외할머니를 우연히 만났다. 어디를 가시냐고 물었더니 나의 새 신발을 사러 시내에 간다고 하였다. 무언가 이상함 낌새를 눈치 채고는 같이 가겠다고 떼를 썼다. 어머니는 하는 수 없이 나를 데리고 갔었는데 그곳은 생전 처음 가보는 커다란 부두였다.....

그날의 기억은 지금도 한 장의 사진처럼 내 가슴 속에 선명히 남아 있다. 선창가에서 눈물 콧물로 범벅이 된 양갱을 손에 쥐고 멀어져가는 어머니를 몸부림치면서 바라보고 있고...뱃전에는 손수건을 꺼내들고 하염없이 흐르는 눈물을 닦아 내리는 어머니가 있었다....불현 듯 두 번 다시 어머니를 보지 못하겠구나 하는 생각에 나도 배에 올라타 보려고 마구 떼를 썼다. 바닷물에 빠져 죽어도 좋다는 심사로 울며 발버둥을 쳤다. .... 어머니는 일본에 먼저 가계신 아버지를 따라서 간다고 부산으로 밀항선을 타러 떠나버린 것이었다.

– 「텅 빈 하늘 아래」 일부

해마다 준설되면서도 / 조금씩 나이 들어가는 항구 / 다른 용도로 바뀌긴 했어도 / 남편찾아 떠나던 어머니와 / 온 몸으로 일별한 이 자리 / 또렷이 각인되어 남겨진 판화 한 장//

– 시 「어머니의 항구」 일부

어린 나이에 어머니와 생이별을 하게되는 것은 누구에게나 인생 최대의 절망감을 안겨준다. 이 큰 사건이 비단 수필로만 남겨지지 않았을 것 같아 그의 시집을 살피다가 한편 찾아서 소개한다. 위 두 꼭지의 예문처럼 어리기도 하고 여리기도 할 그 시기에 겪은 이 경험은 당사자에겐 아픈 기록이고 역사이다. 특히나 어머니와의 생이별하는 일은 당혹감과 슬픔으로 하늘이 무너지는 것 같은 그런 기억은 누구와도 나눌 수 없는 개인의 역사이다. 이렇게 갑자기 어린 시절의 성대림 수필가에게 툭 떨어지듯 주어진 상실감과 좌절감은 그 이후 생의 전반을 걸쳐 영향력을 펼치고 있다. 이를 상실과 좌절이라는 단어로만 정의하기엔 정서적 한계가 있어 보인다. 낭패 혹은 박

탈감이라는 어휘를 덧붙여도 좋을 성 싶다.

위험을 무릅쓰고 일본에 있는 아버지를 찾아 떠난 어머니는 가까스로 밀항에 성공하여 가정을 꾸리고 살게 되었지만 낯설고 물설은 이국에서 살아가는 것이 처음에는 여간 힘들지 않았다. ...불법체류 상태이어서 경찰에서 혹시 조사 나올까 아니면 신고 당할까 노심초사하였다 한다....오누이를 낳고 비로소 단란한 가정을 꾸릴 수 있었..지만 한국에 버려두고 온 큰 아들이 눈에 밟혀 내 또래의 아이들이 지나가는 것을 보면 늘 생각나서 여러번 울기도 했다고 하셨다....어머니는... 내가 고등학교 3학년이 되어서야 영주권을 처음으로 얻게 되었고 일본에서 잠시 귀국하여 반갑게 다시 만날 수 있었다.

–「텅 빈 하늘 아래」 일부

나 자신에게 운명의 날이 다가왔다. 일본에 사시던 부모님께서 가족이 뭉쳐서 살 수 있도록 나에게 일본으로 건너오라고 하셨다. 당시로는 일본과 국교가 정상화되지 않아서 다른 방법이 없었기에 밀항을 시도하게 되었다. 밀항한다는 것은... 한번에 성공하는 일은 드물었(다) ...4월에 완도에서 출발하여 후쿠오카의 하카타항으로 들어가는 활어선을 타서 밀항을 실행하였다. ...일본..해안에 가까워지자 기름을 담던 용도로 쓰였던 철판으로 된 통 안에 나를 포함한 밀항자 세 명을 쑤셔 넣는 것이었다. 그 안은 고개도 못 돌릴 정도로 비좁고 무더워서 몇 시간이 지나자 도저히 견딜 수가 없었다. ...하는 수 없이 기름통 밖으로 나와서 배의 밑바닥에 숨었다. 항구에 도착하니 세관원들이 수색을 시작하였고 나는 붙잡히게 되었다.

–「그리운 내 고교 4학년 시절」 일부

내가 고등학교 1학년인 때 아버지가 할아버지 소상을 치르려고 제주에 오셨다. 첫 만남은 밋밋했다. '이 분이 내 아버지구나!' 하는 정도였고 기뻤다거나 원망스러웠다는 감정은 없었다.

–「아버지와 아들」 일부

위 내용을 읽으면서 이야기의 흐름 뒤에 엿보이는 삶의 지난함을 짐작할 수 있다. 이는 우리 민족사로 볼 때 그리 오래된 옛날 이야기가 아니다. 또한 한 개인만의 이야기도 아니다. 우리 앞선 역사를 한 장만 들쳐 보면 드러나는 우리 민족의 역사이며 동시대를 살던 제주민들에겐 그리 독특한 이야기도 하니다. 그러므로 세세하게 기술하지 않기도 했지만 또 짧은 문단 하나로도 한편의 글을 완성할 수 있을만큼의 이야기를 예상할 수 있다.

이처럼 성대림 수필가의 글은 문예적인 테크닉을 동원한 '창작'적 관점보다 있는 그대로를 솔직하게 말하는 진실성에 방점을 두었다는 김소운 수필처럼 삶의 편린을 진실하게 드러내는 고백이다. 김소운 선생의 작품을 작가와 작품의 밀착성에 두었고 소운 선생 스스로도 수필을 쓰는 행위를 일종의 '발한작용'으로 비유했던 것을 기억나게 한다. 그처럼 성대림 수필가의 글은 곧 성대림 자신이며 그의 문체를 통해 보이지 않는 어조로 다가오는 느낌은 때로 미화되지 않는 본연의 소리로 쏟아내는 듯이 들려진다.

2. 사람으로 이어지는 서사

한국 수필은 자연과 주변 환경을 통하여 자신의 이야기를 털어내는 경우가 대다수인데 성대림 수필가의 이야기는 비교적 사람과 사람 사이의 이야기가 자주 쓰이고 있다. 수필집은 테마별로 부별 구분이 있지만 글을 따라가다보면 어느새 성대림 수필가의 깊은 그리움의 용천에 다다른다.

그의 애틋한 서정적 대상은 첫째 부모와 가족이 있으며 다음으로는 은사님과 친구, 그리고 선후배로 그들과의 이야기 마다 짙은 그리움을 읽어 내는 것은 어렵지 않다. 이는 그의 다양한 사회활동에서 비롯되기도 했겠지만 그에게는 사람과의 관계가 그만큼 중요한 비중을 차지하고 있음을 유추할 수 있다.

글을 통하여 성대림 수필가의 다양하고 역동적인 활동 상을 알 수 있다.

의사로서, 누군가와는 동료로서, 누군가와는 선후배로, 누군가와는 친구로 교유하는 등 다양하다. 또한 활동의 범위도 범상치 않음을 알 수 있다. 그 중 가장 그만의 특징은 방송대를 23년이나 다녔다는 것이다.

이런 진술을 통해 성대림 수필가가 사람과의 관계를 중시하는 것임을 알 수 있다. 이와 같은 관계망은 성장기에 갖게 된 상실감의 치유이거나 반사적 감정일 수도 있다. 부모님의 부재와 주변과는 결이 다른 외로움을 이겨내면서 내면에 축적된 그만의 성정으로 보아도 되겠다.

커다랗고 울창한 나무일지라도 때로 다양한 사연의 옹이를 품고 있는 것처럼 지금의 성대림 수필가의 내면에는 여러 가지 옹이가 있고 그 중 인간관계에서의 흠집을 다시 인간관계로 극복하는 것이다.

따라서 그의 글에서 부모님과 형제를 제외하고 이야기되는 대상은 외할머님이거나 은사님이거나 그 외에 몇 명의 친구, 선후배, 학우들 다양하다.

> 외할머니를 생각한다. 나이가 들어가면서 이해가 되는 일도 있는 법이다.… 혹 덩어리처럼 남겨진 외손자(성대림)가 늘 걱정이 되었을 것이다.… 어떤 때는 일부러 외할머니를 속상하게 하려고 뜬금없이 울음을 터뜨리고는 마구 달아나기도하여 애를 태워드렸다 ….
>
> –「외손자와 마께」중 일부

예문「외손자와 마께」의 이야기는 특이하거나 생소하지 않다. 어린 성대림에게 외할머니는 할머니이면서 곧 어머니의 다른 이름이기도 하다. 어린 손자 손녀들은 할머니에게 재롱을 부리기도 하지만 때로는 공연히 트집을 잡고 떼를 쓰기도 한다. 이럴 때 외할머니의 애간장이 녹는다. 이런 경우는 자주 보는 일이다. 그러나 성대림 수필가의 성장기를 읽으면 이런 일에 특별한 애상이 담긴다. 평탄하지 않았던 성장기를 그려볼 수 있다.

> 고향에 오신 아버지는 나와 관련된 일을 주도면밀하게 처리하셨다. 하숙을 관덕정 숙부집으로 정하였고, 다음 해엔 고등학교가 화북으로 이전하는 바람에 등하교가 쉬운 동문

시장 내 이모부 집으로 하숙을 옮겼다.....내 밀항 실패로 ...모든 꿈이 산산조각이 나버렸지만 부모님은 실망하지 않고 아들 대학 입학에 매진하도록 물질적 심리적인 지원을 아끼지 않았고...

–「아버지와 아들」 일부

어쩌면 내가 살아 온 어릴적 환경이 나를 그렇게 몰고 갔을지도 모르겠다.

–「내 인생의 대박 선택」 중 일부

초등학교 시절에 하시던 말씀이 생각이 난다. 대학교 동창이 찾아오면 곤밥을 대접해야 하고, 중고등학교 동창은 곤쌀 섞은 밥을, 그렇지만 초등학교 동창은 그냥 먹던 보리밥을 대접해도 흉이 안된다고 하셨다.

–「초등학교 은사님에 대한 추억」 중 일부

이처럼 독자는 성대림의 글마다 그 배경을 알기에 그의 고뇌를 먼저 읽게 된다. 아무 수식도 없고 때로 거칠기도 한 그의 이야기를 들으면서 어린 성대림의 아픔에 마음의 손을 얹는다. 특히나 '어릴적 환경이 나를 그렇게 몰고 갔을지도 모른다'라는 자조적 독백은 더욱 예리하다.

인생이라는 여정에서는 많은 사람을 만나고 그 중 몇몇은 한사람의 인생에 큰 족적을 남긴다. 위의 예문 중 「아버지와 아들」에서는 성대림 수필가가 아버지를 기술하는 호흡이 앞 단락과는 달라졌음을 느낄 수 수 있다. 그동안 어머니에 대한 그리움과 원망 속에 투시되던 아버지는 비로소 한 사람의 든든한 지원자가 되는 것이다.

부모님과 성장기의 이야기가 주는 느낌이 워낙 독특해서 그 외 인물들에 대한 이야기의 색깔과 강도가 상대적으로 힘을 잃게 된다. 부모님과 연결된 이야기가 대체적으로 두려움과 절망감으로 인해 자존감이 낮은 바에 비하면 그 외의 관계는 비교적 주도적으로 힘찬 걸음임을 알 수 있다. 이야기의 일부는 성대림 수필가의 경우 초등학교 은사님이나 고등학교 은사님 들이 그런 역할을 하였다.

성대림 수필을 읽으면 마치 한국의 근 · 현대화 시기의 성장소설을 접하는 느낌이다. 유 · 소년기의 여러 가지 인적 환경과 사회적 조건을 극복하고 성공한 명사가 되는 주인공의 이야기를 듣고 있는 듯 하다. 평범하지 않은 자신만의 옹이를 끌어 안고 평범한 듯 우리 사회에서 함께 하는 성대림 수필가를 글로 만나는 시간은 어딘가 애틋하다.

Ⅲ 나가면서

위에서 본 바와 같이 성대림 수필가의 글은 태연한척 무심한척 한 그 외면과 달리 겹겹의 상실감으로 가득한 바를 알 수 있다. 그러나 그런 상실의 편린들을 끌어안고도 지나간 것은 잊혀지거나 옅어지듯이 지금의 그는 꿋꿋하다.

글을 쓴다는 것은 어떤 사물이나 상황을 언어로 제시하는 것이다. 언어라는 약속된 기호를 사용함으로써 사물이나 상황을 전달할 때 그림이나 음악과는 달리 추상적 이해의 폭을 좀더 좁힐 수 있다. 그렇다해도 작가가 설정한 인식의 형태가 독자에게 재현되는 데에는 한계가 있다.

그럼에도 불구하고 성대림 수필가의 글을 읽으면서 이입되는 감정만으로도 독자는 그의 세계를 이해하고 따뜻한 박수를 보내게 된다. 우리는 동시대를 살아온 도반이기 때문일 것이다.

텅빈 하늘 아래

초판인쇄 2025년 12월 26일
초판발행 2026년 01월 02일

지 은 이 성 대 림
발 행 처 문예운동사
발 행 인 김 귀 희
등　　록 2007년 11월 21일 제2007-000052호
주　　소 서울시 서대문구 서소문로27 (충정리시온) 423호
전　　화 (02) 312-5817
전　　송 (02) 363-5816
이 메 일 skj907@hanmail.net / skj908@hanmail.net
홈페이지 http://cafe.daum.net/munyaeundong

책 값은 뒷표지에 있습니다.
저자와의 협약에 의해 인지는 생략합니다.

ISBN
이 도서의 국립중앙도서관 출판예정 도서목록(CIP)은 서지정보 유통지원시스템홈페이지(https://seoji.nl.go.kr)와 국가자료 공동목록시스템(https://www.nl.go.kr/kolisnet)에서 이용하실 수 있습니다.